もう困らない！ どんなときも！
「英語で案内」ができる本

リサ・ヴォート

大和書房

はじめに

　こんにちは。リサ・ヴォートです。この本を手にとってくださったみなさんは、日頃海外の方に触れ合う機会が多い方々かもしれませんね。街中でも、本当に以前にも増して海外のツーリストを見かけることが多くなりました。実際、ついに日本を訪れる外国人観光客が2000万人を突破したそうです。

　そして2020年に開催される東京オリンピックに伴い、訪日観光客の方へ対応するため、英語の必要性はますます高まっていくように思います。

　本書では、駅や空港、観光案内所、旅館やホテル、さまざまな施設などで働く人を想定しながら、役立つフレーズをたくさん盛り込みました。

　そして、日本に来る海外の人はとにかく道に迷うことが多いので、道案内をするための章も設けました。会話例などは、あくまでもひとつのサンプルですが、そこに広がっているフ

> If you have any questions, please talk to me.

> I'll walk you to the staion.

> Please let us take care of you.

　レーズで「使えそうだな」と思ったものから、暗記していただく方法もよいと思います。不意に英語で尋ねられたら、スラスラとは話せないという人も、お守りのフレーズがあるだけで心強いですよね。
　看板のわかりにくさやWi-Fiの整備の不十分さ、飲食店での禁煙の不徹底さ、クレジットカードの制限など、まだ観光客の人からするとクリアするべきところが多い状況かもしれませんが、それらを補ってくれるのは何よりも日本の持つ食や文化の素晴らしさ、そして彼らが出会うあなた方とのふれあい。笑顔の思い出をプレゼントするためにも、ぜひ通じ合うフレーズ、どんどん言葉にしていきましょう。

リサ・ヴォート

この本の使い方

1 切符を買う

各路線の乗り入れや特急料金など、複雑な日本の切符。
路線図を見ながら、相手の行き先を確認しましょう。

MUST

押しても反応しません。
I'm pushing the button, but nothing happens.

先にお金を入れていただけましたか？
Did you first put money into the machine?

＊そうですか、ちょっと確認させていただきます。 I see. Let me check.

覚えておきたい頻出フレーズを紹介しています。

使えるフレーズ、注意が必要なフレーズ、おもてなしに使えるフレーズを紹介しています。

地下鉄の切符はこちらの券売機です。
You can buy subway tickets from this machine.

こちらの列車は特急券が必要です。
This train requires a limited-express ticket (in addition to a basic fare ticket).

下の数字がお子さまの切符料金です。
The number at the bottom is the fare for children.

まずMUSTだけ覚えてみる、おもてなしフレーズに力を入れるなど
英語のどの部分から補強したいかも考えながら、活用してみてください。
自分が発するフレーズだけでなく、外国人のお客さまのフレーズも
頭に入れておくと、「本の中にあったあのフレーズだ！」と
対応しやすくなるかもしれません。

CONTENTS

はじめに ……………………………………… 002
この本の使い方 ……………………………… 004

PART 1 駅、空港で案内する

1. 切符を買う ……………………………… 012
2. 窓口で切符を買う ……………………… 014
3. ホームで案内する ……………………… 016
   - 駅に関連する語句 …………………… 018
4. 出口について案内する ………………… 020
5. 乗り換えを案内する …………………… 022
6. 改札外乗り換えを案内する …………… 024
   - 乗り換えに関するフレーズ ………… 026
7. 特急電車、新幹線を案内する ………… 028
8. 電車のトラブルに対応する …………… 030
9. 駅での落としもの ……………………… 032
10. 駅での体調不良 ………………………… 034
11. 欠航や台風を案内する ………………… 036
12. 急いでいるお客さまに案内する ……… 038
13. 空港の設備を案内する ………………… 040
14. おみやげの買い物を案内する ………… 042
15. バス乗り場を案内する ………………… 044

PART 2 インフォメーションで案内する

- ⑯ 出迎えをする ……………………………… 048
- ⑰ 受付で雑談をする ………………………… 050
- ⑱ 町を紹介する ……………………………… 054
- ⑲ 手荷物預かりを案内する ………………… 056
- ⑳ 外貨両替を案内する ……………………… 058
- ㉑ 日帰りツアーを案内する ………………… 060
  - ● 果物狩り、食べ放題、体験＆訪問の語句 …… 062
  - ● ツアーを説明するフレーズ …………… 063
- ㉒ クレジットカードを案内する …………… 064
- ㉓ 飲食店を紹介する ………………………… 066
- ㉔ 天気のことを話す ………………………… 072
- ㉕ Wi-Fiについて案内する ………………… 074
- ㉖ 宿泊先を探す ……………………………… 076

PART 3 道を案内する

- ㉗ 自分で道を案内する ……………………… 080
- ㉘ 目印で伝える ……………………………… 082
  - ● 案内に役立つ語句 ……………………… 083
  - ● 目印になる語句 ………………………… 084
  - ● 案内に役立つフレーズ ………………… 085

- ㉙ 反対側だと伝える ……………………………… 086
- ㉚ 道を案内する　実践1 ………………………… 088
- ㉛ 道を案内する　実践2 ………………………… 090
  - ●道を案内するフレーズ ……………………… 092
- ㉜ バスの方が早いと薦める ……………………… 094
- ㉝ タクシーを案内する …………………………… 096

PART 4　宿泊を案内する

- ㉞ 旅館で出迎えをする …………………………… 100
- ㉟ 旅館で部屋を案内する ………………………… 102
- ㊱ 食事を案内する ………………………………… 104
- ㊲ 温泉を案内する ………………………………… 106
  - ●温泉を説明するフレーズ …………………… 108
  - ●温泉の効果、効能 …………………………… 109
- ㊳ 自由に選んでもらう …………………………… 110
- ㊴ 旅館での朝食を案内する ……………………… 112
- ㊵ 旅館でお見送りをする ………………………… 114
- ㊶ ビジネスホテルを案内する …………………… 116
- ㊷ ゲストハウスで迎え入れる …………………… 118

PART 5 日本的なものを案内する

- **43** 神社を案内する ……………………………… 122
  - 手水舎を説明するフレーズ ………………… 124
  - 二拝二拍手一拝を説明するフレーズ ……… 125
- **44** おみくじ、お守りを案内する ………………… 126
- **45** お寺を案内する ……………………………… 128
- **46** 寺社のライトアップを案内する …………… 130
- **47** 地元の祭りを案内する ……………………… 132
  - [ ]だけ替えればOKのフレーズ、数字の表記 …… 134
  - 屋台を紹介するフレーズ …………………… 135
- **48** 桜、花見を案内する ………………………… 136
- **49** 抹茶、和菓子の体験を案内する …………… 138
- **50** 着付け体験を案内する ……………………… 140
- **51** 銭湯を案内する ……………………………… 142
- **52** 日本酒を案内する …………………………… 144
  - お酒にまつわるフレーズ …………………… 146
- **53** お城を案内する ……………………………… 148
- **54** 地元の食べものを紹介する ………………… 150
  - 郷土料理を紹介するフレーズ ……………… 152
- **55** 自然を案内する ……………………………… 156
  - 自然を表現する語句 ………………………… 158
  - 自然を紹介するフレーズ …………………… 159

PART 6 施設やレジャーを案内する

- **56** 美術館を案内する ……………………………… 162
  - 美術館に関するフレーズ …………………… 164
  - [ ]を替えるだけで使えるフレーズ ………… 165
  - 美術に関する語句 …………………………… 167
- **57** 現代アートを案内する ………………………… 168
- **58** ギャラリーを案内する ………………………… 170
- **59** アニメ、漫画を紹介する ……………………… 172
  - アニメ、漫画を紹介するフレーズ ………… 174
- **60** イルミネーションを案内する ………………… 176
- **61** テーマパークを案内する ……………………… 178
- **62** スポーツ観戦を案内する ……………………… 180
- **63** ＳＡ、ＰＡを案内する ………………………… 182
- **64** 列に並んでもらう ……………………………… 184
- **65** 子連れの人に声をかける ……………………… 186
- **66** ベジタリアンのお客さまに案内する ………… 188

COLUMN

- お客さまに、「提案」をもって …………………… 046
- お決まりフレーズがあれば気がラクに …………… 078
- まずは、声をかけて！ …………………………… 098
- お客さまのリクエストに応えるノートを ………… 120
- 日本が好きな人はどんな人？ …………………… 160
- 日本の「日常」が喜ばれる ……………………… 190

PART

駅、空港

で案内する

1 切符を買う

各路線の乗り入れや特急料金など、複雑な日本の切符。
路線図を見ながら、相手の行き先を確認しましょう。

MUST

押しても反応しません。

I'm pushing the button, but nothing happens.

先にお金を入れていただけましたか？

Did you first put money into the machine?

＊そうですか、ちょっと確認させていただきます。 I see. Let me check.

地下鉄の切符はこちらの券売機です。

You can buy subway tickets from this machine.

こちらの列車は特急券が必要です。

This train requires a limited-express ticket (in addition to a basic fare ticket).

下の数字がお子さまの切符料金です。

The number at the bottom is the fare for children.

駅、空港で案内する **1**

切符を間違って買っちゃったんだけど……。
I made a mistake buying tickets.

こちらで払い戻しをします。
I can refund your money here.

割引になる切符はありますか？
Do you have discount tickets?

１日乗車券があります。
We have a one-day pass.

海外の旅行者の方向けのお得な切符があります。
We have special tickets for foreign visitors.

TEACHER'S ADVICE
日本は切符の種類が多すぎる!?
日本に来ると、切符の種類の多さに驚く外国人は多いはず。基本的には１枚にまとまっているのが普通の国の人にとっては、わかりづらいようです。特に「特急券」に別料金がかかるのはなかなか納得できません。日本ならではのシステムだと説明しましょう。

2 窓口で切符を買う

対面だからこそ、丁寧に案内をしたいもの。
座席はぜひ希望に合わせて選んでもらいましょう。

MUST

明日の14時5分発の「すみれ」のチケットがほしいんですが。

I'd like one ticket for the 14:05 "Sumire" for tomorrow.

お調べします。

Let me check that for you.

1つ前の電車なら空いているのですが……。

One train before that is available.

明日なら、予約席を取る必要はありません。

If you can go tomorrow, I don't think you need reserved seats.

往復で買われますか？

Would you like round-trip tickets?

駅、空港で案内する 1

通路側か窓側、どちらがよろしいですか?
Would you like an aisle or a window seat?

窓側でお願いします。
A window seat, please.

3名様ですと、お一人は少し離れた席になってしまいますが……。
One person in your party of three will have to sit separately.

そうですか、では時間を変えます。
I see. Then we'd like to change the time.

こちらが乗車券、こちらが特急券になります。
This is the basic fare ticket, and this is the express fare ticket.

TEACHER'S ADVICE

お釣りは確認しながら、丁寧に!

日本では、小銭のお釣りはまとめて「40円です」と渡すことが多いと思いますが、できれば1枚ずつ渡したほうが、間違いがないので安心されます。切符も同じで、3枚まとめて渡さず、「乗車券です、指定席券です、特急券です」と1枚ずつ渡しましょう。

015

3 ホームで案内する

声をかけられることの多い、ホーム上。
方向や距離はジェスチャーを交えて伝えましょう。

MUST

浅草へはこちらのホームで合っていますか？

Is this the right platform for Asakusa?

いえ、反対側です。

No, Asakusa is the other side.

この電車は回送です。

This train is out of service.

電車が来ますので、少し内側に寄っていただけますか？

The train is approaching so could you stand back a little?

A駅へは隣のホームです。

Station A is the next platform.

駅、空港で案内する 1

今、車両点検で電車が遅れています。
The train is delayed due to a train inspection.

改札へ行くエレベーターはありますか？
Is there an elevator to the ticket gate?

突き当たりにあります。
It's at the end.

30メートルほど進むとあります。
It's about 30 meters ahead.

トイレは改札の手前にあります。
The restrooms are before the ticket gate.

TEACHER'S ADVICE

「ホーム」の発音に注意！

「Platform」が「home」にならないよう注意しましょう。また、メートル法を使わない人にはメートルが伝わりづらいのでフィート（30cm≒1フィート）、ヤード（90cm≒1ヤード）を使うのも◎。キオスクの手前（before）、奥（after）と言うときは必ず手も交えて。

〈駅に関連する語句〉

出口	exit	特急	super express (会社による)
窓口	ticket office	急行	express train (会社による)
改札	gate (automated gates)	準急	semi express (会社による)
～番線	platform __	各停	local train (会社による)
車掌	conductor	北口	north exit
駅員	station employee	南口	south exit
事務室	office	東口	east exit
遅延	delay	西口	west exit
～号車	car number __	当駅止まり	the train terminates at this station
待合室	waiting room	回送	out of service
連絡通路	passageway	停車駅	stations at which this train stops
地下街	underground shopping center	出口専用	exit only
精算機	fare adjustment machine	降車ホーム	arrival platform

忘れ物	lost items	網棚	overhead rack
車いす対応	wheelchair accessible	終点	end of the line / last stop
車いすスロープ	wheelchair slope	始発	first train
階段昇降機	stair lift	吊り革	hanging strap
公衆電話	public telephone	車両点検	vehicle inspection
売店	shop	信号待ち	waiting at a stoplight
ロッカー	locker	停電	power outage
案内所	information desk	急停止	sudden stop
休憩所	rest area	運転再開	resume operation
階段	stairs	振り替え輸送	alternative transportation
乗り換え専用	transfers only	30分遅れ	30-minute delay
地上出口	exit to street level	強風	strong winds
女性専用車両	women-only car	地震	earthquake

4 出口について案内する

ターミナル駅になると、出口の数も相当です。
何番出口だけでなく、＋αの情報があると親切ですね。

MUST

北口はどっちですか？

Which way is the North Exit?

改札を出て右側です。

Out the gates and to the right.

EXCUSE!

出口が開いているのは0時30分までです。

The exit is open until twelve-thirty.

使える

この出口は1番大通りに面しています。

This exit is on Ichiban Doori Street.

使える

山田百貨店へは5番出口が最寄りです。

The best exit to get to Yamada Department Store is Exit 5.

駅、空港で案内する **1**

中央東口はどう行けばいいですか？
Which way to the Chuo East Exit?

エスカレーターを降りて、右に直進してください。
Go down the escalator and go right.

C14出口から出たいんですが……。
I want to go out of Exit C14.

上の案内に沿って進んでください。
Follow the signs above.

1つ下の階です。エスカレーターを使ってください。
It's one floor down. Use the escalator.

TEACHER'S ADVICE

ローマ字表記が増えています

出口は従来、「Exit」という表記が多かったですが、最近は「Higashi-guchi」などローマ字表記のものも増えてきています。英語だと東はEast? West?と確信できないときも安心ですね。「Exit」と「Higashi-guchi」両方の表記があればさらに間違いがありません。

5 乗り換えを案内する

日本を訪れる観光客が頭を悩ませる「乗り換え」。
ルートが長い、わかりづらいときほど丁寧に説明を！

MUST

何個目の駅で乗り換えればいいですか？

How many stations are there until I change trains?

5個目の駅で乗り換えてください。

Change trains at the fifth station.

5番線の電車に乗ってください。
Take the train on Platform Five.

乗り換えの駅までは10分くらいです。
It's about ten minutes to the train station where you'll change trains.

乗り換えには一度地上に出なければなりません。
You have to go up to the street level to change trains.

駅、空港で案内する **1**

降りた同じホームの反対側に来る電車に乗ってください。
Get on the train which will arrive at the platform directly opposite you.

どこ行きに乗ればいいですか?
Where should the train I'm going to get on be heading?

中華街行きに乗ってください。
Get on the train bound for Chinatown.

特急に乗ればいいですか?
Should I get on the super express?

いいえ、特急は停まらないので、急行に乗ってください。
No, the super express won't stop at your station so get on the express train.

TEACHER'S ADVICE

案内はシンプルに

「同じホームの反対側」はシンプルに「Same platform, other side.」とも言えます。地上乗り換えの際は道順を説明した後に、シンプルに「Left 3 times, right 2 times.」(左に3回、右に2回曲がる)などとくり返し、「Am I clear?」と確認するとよいですね。

6 改札外乗り換えを案内する

鉄道会社が違うときに、度々ある改札外乗り換え。
スムーズに案内ができるよう練習しておきましょう。

MUST

この駅で南北線に乗り換えと聞いたんですが……。

I was told to change to the Nanboku Line here.

はい、一度改札の外へ出ていただかなくてはいけないんです。

Yes, you'll have to leave the gates and go outside.

使える

緑の線を目印に進んでいってください。
Follow the green line.

使える

B3出口を出たところで、市営電車の駅舎が見えます。
When you leave Exit B3, you will see the Toei train station.

使える

駅に着いて、踏切を渡ったところに地下鉄への入り口があります。
At the station, cross the railroad crossing and you'll see the subway entrance.

駅、空港で案内する **1**

この駅は地上に出てから5分くらい歩かないといけません。
At this station, you have to go to street level and walk about five minutes.

わかるように地図を描きますね。
I'll draw you a map so you can find it.

改札は出口行きのものと乗り換え用のものがあります。
There are two gates, one to exit the station and the other to transfer trains.

向かって右側の改札を通ってください。
Use the gates on your right.

乗り換えの有効時間は1時間なので注意してください。
Remember that you have to change trains within an hour.

TEACHER'S ADVICE

「Be careful」は失礼になることも

「注意してください」と言いたいときとっさに「Be careful」というフレーズが出そうですね。でもこれは上から目線な印象になり、感じが悪くなってしまう場合も。ほかのフレーズが浮かばず、使わざるをえないときはビッグスマイルで、チャーミングに！

乗り換えに関するフレーズ

その駅は特急は停まらないので、池上で一度下車し乗り換えてください。

The express train does not stop at that station so please get off at Ikegami and change trains.

降りたホームに各駅停車の山瀬行きが来ますので、それに乗ってください。

Take the local train bound for Yamase that will come to the same platform that you got off.

6号車に乗っていただくと、乗り換えがスムーズです。

If you get on car number six, your transfer will be smooth.

私鉄と地下鉄は隣接しているのですぐわかります。

You'll see that the private and subway lines are next to each other.

環状線の5つめの駅で地下鉄に乗ってください。

At the fifth station on the loop line, take the subway.

駅が広いので、乗り換えに10分くらいかかります。

The station is big, so it will take about 10 minutes to change trains.

少しゆとりを持ってターミナル駅に着けるとよいですね。

It would be nice to arrive at the terminal station a little early.

乗り換えに関するフレーズ

次の電車は村越行きなので、乗り換えなければなりません。
The next train is for Murakoshi, so you'll have to change trains.

電車を降りたら、5番線のホームへ移動してください。
When you get off the train, go to Platform Number Five.

乗り換えが面倒でしたら、2本後の電車なら直通で目的地まで行けます。
If changing trains are too troublesome, two trains after this one will take you straight to your destination.

このホームに来る赤いラインの電車に乗ってください。
Take the train with the red line on it from this platform.

今の時間ですと、北原より先の電車は終わっています。
At this hour, no trains go past Kitahara.

この路線でしたら、乗り換え1回ですみます。
With this route, you'll only have to change trains once.

終点でこの電車は折り返し運転になりますので、ご注意ください。
At the last stop, the train will head back in the direction it just came from, so please be careful.

7 特急電車、新幹線を案内する

上乗せの料金がかかる特急電車、新幹線は言わば高級車両。
ホスピタリティを持って案内をしたいですね。

MUST

切符を見せていただけますか？
May I see your ticket?

はい、お願いします。
Sure, here it is.

席を向かい合わせにしましょうか？
Would you like to sit facing each other?

こちらの窓から富士山が見えます。
You can see Mt. Fuji from this window.

すみません！ 通ります。
Excuse me! I'm coming through.

駅、空港で案内する 1

飲み物は買えますか？
Are drinks available for purchase?

自動販売機はないのですが、あとでワゴン車が販売に来ます。
There are no vending machines, but a cart with food and drinks will be coming later.

携帯を充電したいんだけど……、コンセントはありますか？
I'd like to recharge my mobile phone. Is there a power outlet?

はい、お足元にコンセントがあります。
Yes, there's an electrical outlet at your feet.

申し訳ありません。この電車にはコンセントがついていません。
We're sorry, there are no personal power outlets on this train.

TEACHER'S ADVICE

「コンセント」は英語ではない

コンセントはそのまま通じそうで使ってしまいそうですが、英語ではありません。「power outlet」も「electrical outlet」も同様の意味で「socket」も使われます。携帯電話は、「mobile phone」のほかに「cellular phone」「cell phone」などと表現されます。

8 電車のトラブルに対応する

ラッシュ時にかかわらず遅延はつきもの。
見通しを伝えることで安心してもらえるはずです。

MUST

今どういう状況ですか？

How are things?

事故がありまして、再開は未定です。

There has been an incident. No one is sure when the trains will start moving again.

 こちらの券で別の路線にお乗り換えいただけます。

You can take another train using this same ticket.

 おそらくあと20分ほどで再開できます。

I believe the trains will start moving again in about 20 minutes.

 強風で運転を見合わせています。

They are suspending services due to high winds.

駅、空港で案内する **1**

深山駅に行きたいけど、どうすればいいのかしら?
How can I get to Miyama Station?

ご迷惑をおかけして申し訳ありません。
We're sorry to inconvenience you.

18番の医科大学行きのバスに乗っていただければ、深山駅に行けます。
You can get to Miyama Station by boarding Bus number 18 bound for Ika Daigaku.

南北線に乗っていただき、佐田駅で大山線に乗り換えてください。
Please get on the Nanboku Line. At Sada Station, change to the Oyama Line.

あと10分で再開のようなので、このままお待ちいただいたほうがよいかもしれません。
It appears that the trains will start running again in 10 minutes. It might be best to stay put.

TEACHER'S ADVICE

「Stay put」は使えるフレーズ

「そのままお待ちください」「そこを動かないでください」などと言いたいときに使える便利なフレーズが「Stay put」。短いので覚えやすいですね。また、お詫びをするときは、「I'm sorry」より「We're sorry」を使いましょう。

9 駅での落としもの

旅行中の落としもの、ひやっとしますよね。
単語でもいいので情報を引き出して、サポートしましょう。

MUST

おみやげを入れた袋を電車に忘れてしまったのですが……。

I left a bag of souvenirs on the train.

はい、今お調べしてみます。

OK, let me check.

奥の忘れ物取扱い所まで行ってください。

Please go to the Lost and Found at the end of this building.

すみません、3日前の忘れ物は別の所に移動しています。

Sorry, items from three days ago are kept in a different place.

そういうものが届いているか電話で確認してみましょうか？

Shall I telephone to see if they have something like that?

駅、空港で案内する 1

DIALOG

財布をなくしてしまったのですが。
I lost my wallet.

 そうですか、どんな色、形のお財布ですか?
I see. What color is it and what does it look like?

オレンジ色の長財布です。
The color is orange and it's rectangular.

 現金のほかには何か入れていましたか?
Was there anything besides money inside?

クレジットカードとポイントカード、あと学生証も入っています。
Credit cards, rewards cards, and my student ID.

 こちらのお財布ですか?
Is this it?

そうです!
Yes!

 念のためにお名前だけ中の証明書と合っているか、確認させてください。
Just to be sure, I'll need to match your name with the photo ID inside.

デイビッド・アンダーソンです。
My name is David Anderson.

 ありがとうございます。どうぞお持ちください。
Thank you. You can take it.

TEACHER'S ADVICE

場がなごむ "We have a match"

何かと何かがぴったりと合った、という時に "We have a match" というフレーズが使えます。シンプルに "It matches" でもよいのですが、お客さまが探している色にぴったりのものがあった時に、"We have a match!" と伝えるときっと相手にも喜んでもらえます。

10 駅での体調不良

体調不良はいつでも急にやってくるもの。
搬送経路や最寄りの薬局などを把握しておきましょう。

MUST

どうかされましたか？
Is everything all right?

すみません、ちょっと具合が悪くて……。
No. I don't feel well.

おもてなし
事務室で休んでいかれますか？
Would you like to rest in the office?

使える
吐き気はありませんか？
Do you feel nausea?

使える
お薬はお持ちですか？
Do you have medicine?

駅、空港で案内する **1**

この辺りに病院はありますか？
Is there a hospital around here?

 （地図を広げて）今、この場所なのですが、ここに病院があります。
We are here. A hospital is here.

 タクシー乗り場まで一緒に行きましょうか？
Shall I walk you to the taxi stand?

風邪薬を売っているところはありますか？
Where can I buy medicine for a cold?

 駅の南側に薬局があります。
There's a pharmacy on the south side of the station.

TEACHER'S ADVICE
ドラッグストアと薬局の違い
薬を買いたい、という時に市販薬でよい場合はドラッグストアですが、調剤薬局でという場合に「pharmacy」という単語を使います。また、「I will walk you to ～」はその場所まで私が一緒に行きますよ、という意味合いの便利な表現です。

11 欠航や台風を案内する

旅行中のフライトトラブルは困りもの。
欠航なのか、振り替えは可能か細かにサポートを。

MUST

532便は飛びますか？
Is Flight 532 on schedule?

いま準備しておりますので、30分ほどお待ちいただけますか？
We will know in about half an hour.

EXCUSE!
飛行機は飛びますが、行き先を変更するか途中で引き返すかもしれません。
The flight will leave but it may be diverted or return here.

使える
キャンセルをご希望でしたら、払い戻しをさせていただきます。
If you would like to cancel the flight, we will give you a refund.

EXCUSE!
恐縮ですが、ご宿泊代はお客さまご負担となります。
Unfortunately, we're unable to pay for accommodations.

駅、空港で案内する **1**

申し訳ありません、お客さまの便は欠航が決まっております。
We're sorry. Your flight has been canceled.

そうですか……。別の便に振り替えてもらいたいんですが。
I see. I'd like to be rebooked on another flight.

明日でしたら、ご手配できます。
We can get you a flight tomorrow.

本日ご希望の場合、別の航空会社でしたらご用意できます。
If you must get to your destination today, we can put you on a flight with another airline.

17時以降でよろしければ、本日振り替えの便がご用意できます。
If after five p.m. is OK, then we can rebook your flight for today.

TEACHER'S ADVICE
引き返す場合や途中着陸の可能性も伝えて

天候が微妙だけれども飛行する、という場合は、シンプルに「The plane might turn back or go to another airport」などと案内できるとよいですね。国際線の振り替えは列に並ぶよりも電話した方が早い場合もあるので、伝えるとよいかもしれません。

12 急いでいるお客さまに案内する

乗り継ぎ便に間に合わないかも！
声かけやスピーディーな案内を心がけたいですね。

MUST

もうすぐ出発なんですが、搭乗口がわかりません。

My flight is leaving soon, but I don't know my gate.

ご案内しますので、ついていらしてください。

I'll take you. Follow me.

EXCUSE!

お待たせして申し訳ありません。今20分ほどお待ちいただいております。

We're sorry to keep you waiting. It should take about 20 minutes.

使える

253便にご搭乗のお客さまはいらっしゃいますか？

Is anybody here on Flight 253?

おもてなし

こちらのレーンも開けますのでどうぞ。

This lane will open up, too.

駅、空港で案内する **1**

20分後の便なんですが、間に合いますか？
My flight leaves in 20 minutes. Will I make it?

こちらのレーンでお通しします。
We'll let you in through this lane.

奥のレーンが空いています。
The lane in the back is not crowded.

ターミナルの南側に行きたいのですが、バスはまだ来ませんか？
I need to go to the south side of the terminal. Will the bus come soon?

来るのは7分後なので、歩いた方が速いかもしれません。
The bus is scheduled to arrive in 7 minutes. I think walking is faster.

TEACHER'S ADVICE

日本の声かけは素晴らしい！

大きな空港ほど、乗り換えに時間がかかるもの。「～便にご搭乗のお客さまはいらっしゃいませんか？」と声をかけてまわるサービスはほかの国にはあまりない素晴らしいもの。焦っている方には「Do you have a tight connection?」と声かけを。

13 空港の設備を案内する

待ち時間が長くなるのは空港ならでは。
デッキやラウンジなどで快適に過ごしてもらいましょう。

MUST

台湾行きはこのターミナルから出発ではないのですか?

Don't flights to Taiwan depart from this terminal?

はい、隣のターミナルからです。3階に行き、連絡通路をご利用ください。

No, they depart from the next terminal. Please go to the 3rd floor and take the passageway.

携帯電話充電器は2階にご用意しています。

You can recharge your mobile devices on the second floor.

展望デッキは5階にあります。

There's an observatory deck on the 5th floor.

更衣室は無料でご利用いただけます。

There is no charge to use the dressing rooms.

駅、空港で案内する 1

ラウンジを利用したいのですが。
I'd like to use the lounge.

どちらの航空会社ですか?
Which airline?

スマイル航空です。
Smile Airlines.

それでしたら、2階と5階にございます。
There lounges are on the second and fifth floors.

本館1階、3階、5階では電源コンセントをご用意しています。
There are electric outlets on the first, third, and fifth floors.

TEACHER'S ADVICE
否定疑問文にまどわされないで
間違いをしがちなのが「Don't you ~ ?」「Can't you ~ ?」などで始まる否定疑問文。どんな疑問文であっても、自分の答えが肯定なら「Yes」、否定なら「No」で答えます。相手の聞き方に引きずられないよう注意しましょう。

14 おみやげの買い物を案内する

空港ではおみやげを買うお客さまが大勢。
好みに合ったものを紹介できるとよいですね。

MUST

免税店はありますか？
Is there a duty-free shop?

はい、3か所ございます。地図をお持ちください。
Yes, there are three. Please take this map.

賞味期限は来月15日までです。
The Best By Date is the 15th of next month.

1日に500個売れる人気商品です。
This is a popular item. We sell 500 of these a day.

この空港の限定商品です。
This is sold only at this airport.

駅、空港で案内する **1**

このお菓子、10箱ほしいです。
I'd like ten boxes of these sweets.

 はい、今お持ちします。
Yes, I'll bring them right away.

抹茶を使ったお菓子はありますか？
Do you have snacks with matcha green tea?

 はい、このクッキーとパンは特に人気があります。
Yes, this cookie and bread are especially popular.

 クッキーは個包装で16枚入りです。
There are 16 individually wrapped cookies inside.

TEACHER'S ADVICE

そのお菓子をいつ食べるか？？

おみやげなら、期限が長めのものを「It keeps for a long time.」（日持ちしますよ）と、滞在中に食べるのならば「It uses no preservatives, so it lasts only 2 weeks」（保存料なしなので、2週間しかもちません）などと案内しましょう。オーガニック、自然志向の人も多いので、日持ちが短いのも喜ばれます。

15 バス乗り場を案内する

ターミナル間の移動などに欠かせないバス。
運転間隔などを把握しておきましょう。

MUST

バス乗り場はどこですか？
Where are the bus stops?

1階の正面玄関を出ていただいたところです。
They are on the first floor, right outside the main doors.

どちら行きのバスをお探しですか？
What bus are you looking for?

1時間に1本なのですが、よろしいですか？
There's one bus per hour. Would that be all right?

10分後に到着します。
It will come in ten minutes.

駅、空港で案内する 1

本町行きのバスに乗りたいのですが。
I'd like to take the bus to Honcho.

では13番の乗り場の前でお待ちください。
In that case, please wait in front of Bus Stop 13.

バス乗り場が3つあります。正面出口に近い3番の乗り場に行ってください。
There are three bus stops. You need to go to Bus Stop 3 near the main exit.

リムジンバスはどこで乗れますか?
Where can I get the Limousine Bus?

道の向こう側になりますので、横断歩道を渡っていってください。
That's on the other side of the street so use this crosswalk.

TEACHER'S ADVICE

次の人までドアを開けておく

日本で多いのは、自分の前でドアが閉まっていくこと。もし後ろにお客さまが見えたら、必ず開けておくようにしましょう。ちなみに、欧米では火災時に中側からドアを押して外に出られる扉に、消防法で統一されています。

045

お客さまに、「提案」をもって

海外から日本へ来た人はサインのわかりづらさ、英語の少なさに困ることも多いです。
ローマ字やはっきりした標識を探すのに時間を費やし、コインロッカーの値段を知るのに時間を費やし、駅員さんがいる場所を探すのにもひと苦労……。
これではせっかく楽しみにしていた旅行も最初から疲れてしまいますよね？
駅や空港に関しては、とにかくこういったサインがまずはわかりやすくなることが大事だと思います。
他には何ができるでしょうか？　大切なのは提案を持つことです。

そのエリアでの食事、買い物、アトラクションは何が楽しいでしょうか？
子どもや年配の人に気づいたら、何かサポートできることはないでしょうか？
どんな街かと聞かれて、とっさに紹介できるでしょうか？
ガイドブックに載っていないことこそ、彼らが求めているもの。
働く場所に写真スポットがあるなら、彼らを連れて行って写真を撮ってあげてください。
ささいな出来事ややりとりが後々思い出になったりするものです。
せっかくあなたが海外のお客さまと接する仕事をしているなら、ぜひ、そういった心遣いで笑顔になってもらえるといいですね！

PART

インフォメーション

で案内する

16 出迎えをする

外国人観光客がまず向かうのは観光案内所。
雑談から相手のニーズを引き出しましょう。

MUST

こんにちは。
Hello.

ようこそいらっしゃいました！何かお手伝いしましょうか？
Welcome! Can I help you with anything?

 お茶はいかがですか？
Would you like some tea?

 奥は休憩スペースなので、おくつろぎください。
In the back is a resting place if you want to relax.

 スーツケースはこちらへどうぞ。
Your suitcases can go here.

インフォメーションで案内する **2**

2階には展示もありますので、よろしければご覧ください。
There are displays on the second floor if you'd like to see them.

バンフレット、もらっていいですか？
May I take a pamphlet?

はい、どうぞお持ちください。
Of course, please help yourself.

ここでインターネットは使えますか？
Can I get online here?

はい、Wi-Fiを完備しています。パスワードはこちらです。
Yes, there is Wi-Fi. Let me give you the password.

TEACHER'S ADVICE

よろしければ、は使えるワード

自分でチョイスすることが大切なお客さまにとっては、「If you'd like to」（よろしければ）と選択肢を与えられることは大切です。また、「ご自由にどうぞ」という意味合いの「Please help yourself.」も便利なフレーズです。

17 受付で雑談をする

まずは緊張をほぐす意味で雑談が大事。
天気のこと、今日のこと、気軽に話しましょう。

MUST

こんにちは。今日日本に到着されたんですか？

Hello. Did you arrive in Japan today?

はい、空港からこちらに着いたばかりです。

Yes, I came here straight from the airport.

何泊の滞在のご予定ですか？

How long are you staying?

これからどうなさるご予定ですか？

What are you planning to do?

何かお手伝いできることはありますか？

Is there anything I can do for you?

インフォメーションで案内する **2**

ネットで知り合った人を訪ねるために来たんです。
I came to meet a person I met online.

それはいいですね！　楽しみですね。
How nice! That sounds exciting.

上高地の自然を体験しに来たんです。
I came to experience nature in Kamikochi.

それはちょうどよい季節にいらっしゃいました。
Your timing is great. The season is perfect.

何かありましたらお気軽に声をかけてくださいね。
Please don't hesitate to let me know if there's anything I can do.

TEACHER'S ADVICE

ぴったりのタイミング！

上にある「ちょうどよい季節」のように、ぴったりのタイミング！というときに「Your timing couldn't have been better.」という表現が使えます。在庫最後の1個だったとき、今日からお得なフェアのときなどに盛り上げられます。

雑談1

日本へいらっしゃったのは初めてですか？
Is this your first time in Japan?

ええ、そうなんです。スキーをしにやって来ました。
Yes, it is. I came to ski.

そうですか。お天気が続くといいですね。
I see. I hope the weather stays nice.

観光にも行かれるんですか？
Will you do any sightseeing, too?

しばらくスキーをして、その後新潟の市街地を見てまわります。
I'll ski for a while, then go to Niigata and check out the city.

いいですね。新潟はお米が有名なので、たくさん食べられるといいですね。
That's wonderful. Niigata is famous for rice, so I hope you will have the chance to eat a lot.

雑談2 インフォメーションで案内する

これから温泉へ行くつもりなんです。
I'm planning to go to a hot spring now.

それはいいですね！ 旅の疲れが癒されるでしょうね。
I wish I were you. A nice soak will relieve any travel fatigue you may have.

明日はテーマパークへ行くので、今日はこの辺をぶらぶらします。
We're going to a theme park tomorrow so today we'll just hang around this area.

特に見たいものはありますか？
Is there anything special that you'd like to see?

日本の器が見てみたいです。
I'd like to see some Japanese bowls.

地図では、この辺りにお店が3つあります。
On this map, there are three shops in this area.

18 町を紹介する

リピーターのお客さまは地方にも足を延ばします。
自分の町の魅力をアピールできるとよいですね。

MUST

ここはどういう町か教えてください。
Tell me about this town.

 漁業が盛んな町で、いわしの水揚げ量は全国2位です。
This is a fishing town. It boosts the second largest catch of sardines in Japan.

 町の人口は45万人です。
Four hundred and fifty thousand people live in this town.

 山崎庭園が観光の名所です。
Yamazaki Park is a major attraction for tourists.

 この町は釜飯発祥の地です。
Kamameshi, which is flavored rice with toppings cooked in individual pots, originated here.

古くから温泉街として発展してきました。

From ancient times, this place developed as a hot spring resort.

リゾート地なので、夏はとてもにぎわっています。

Because it's a resort, there are a lot of people here in the summer.

昔は農村でしたが、今は開発されて若い家族がたくさん住んでいます。

This area used to be farmland but now it's been developed, and many young families have moved here.

気候がよく、「住みやすい街ランキング」で上位に入っています。

The weather is pleasant, so it's often voted one of the most livable places in Japan.

農業	farming	学生街	college town
観光産業	tourist industry	新興住宅地	newly-developed residential area
工業	industry	異人街	ethnic enclave

TEACHER'S ADVICE

日本の中華街は異色⁉

どの国にもチャイナタウン、リトルイタリーなどといった「ethnic enclave」（異人街）があります。日本では新大久保や西葛西などがそうですが、横浜や神戸の中華街は日本人向けの仕様になっているのが、物珍しいようです。

19 手荷物預かりを案内する

半日だけ滞在、そんなとき重宝される手荷物預かり。
条件や時間を明確に伝えましょう。

MUST

手荷物を預かっていただきたいんですが……。

Can I keep my luggage with you?

こちらで受け付けします（あなたは正しい場所に来ました！）

You've come to the right place.

＊ユーモアのある表現

EXCUSE 1日600円となりますが、よろしいでしょうか？

It's six hundred yen a day. Is that OK?

EXCUSE 現金や貴重品は受け付けできません。

We cannot accept cash or valuables.

使える こちら、引換証です。

Here's your claim check.

インフォメーションで案内する

午後6時までに引き取りにいらしてください。
Please pick up your items by six p.m.

わかりました。
OK. Got it.

この時間なら、有料ですがご宿泊先にお荷物をお届けするサービスもあります。
At this time, for a fee, we can send your luggage to your hotel if you like.

本当ですか? ぜひお願いします。
Really? I'd like that.

承知しました。900円となります。
Yes, sir(女性ならma'am). It will be 900 yen.

TEACHER'S ADVICE

無料と誤解されないように

配達のサービスは、「ご宿泊先へお荷物をお届けできます」という内容だけ伝えると、無料サービスのように聞こえます。最初に、「有料ですが」と伝えて誤解のないようにしましょう。"I got it" は "Got it" と短くなります。

20 外貨両替を案内する

外貨両替はニーズの多い案件。
近隣の両替所の特徴を把握しましょう。

MUST

両替することはできますか？
Do you change money here?

あちらの外貨両替機でどうぞ。
Please use the foreign exchange vending machines over there.

EXCUSE

申し訳ありません。こちらでは承っておりません。
I'm sorry. We cannot accept these.

使える

こちらの用紙にご記入ください。
Please fill out these forms.

使える

ここに載っている通貨は両替できます。
We can exchange the currencies listed here.

インフォメーションで案内する **2**

残念ながらここでは両替できません。
駅前の百貨店なら両替できます。

Unfortunately, we cannot help you here. The department store in front of the train station can exchange this currency.

両替機が使えないみたいなんですが……。
I think the machine isn't working.

機械の稼働が9時からなので、少しお待ちくださいませ。
The machine starts operating at nine o'clock. It will be just a few more minutes, ma'am.

カナダドルには対応していますか？
Does it take Canadian dollars?

はい、対応しております。
Yes, it does.

TEACHER'S ADVICE

両替はレートが命！

旅行で来た人たちは皆、レートのよいところで両替したいと思っています。必ず「Which place has the best rate?」と聞かれるはず。夜なら、「Their rate could be better, but they're open until late.」（レートは悪いけど、遅くまでやってる）なども言えます。

21 日帰りツアーを案内する

日帰りツアーと言っても規模やオプションは様々。
ツアーの売りをシンプルに説明しましょう。

MUST

明日、明後日で空いている日帰りツアーはありますか？

What day trips do you have available for tomorrow and the day after tomorrow?

このあたりのプランはまだ空きがあります。

We have openings for these trips.

使える

特に人気なのはこのツアーです。

This tour is very popular.

使える

あと5名空きがあります。

There are openings for five more people.

使える

パンフレットをどうぞお持ちください。

Please take this pamphlet.

インフォメーションで案内する **2**

このツアーは一人いくらですか？
How much per person for this tour?

お一人8100円です。
Eight thousand one hundred yen (8,100) per person.

朝7時に新宿駅集合です。
The tour meets at Shinjuku Station at seven o'clock in the morning.

16時半に解散となります。
It finishes at 4:30 p.m.

ランチとおみやげが付いています。
The tour comes with lunch and a souvenir.

TEACHER'S ADVICE

ツアー参加者の平均年齢は？

意外と見落としがちなのが、ツアー参加者の平均年齢。自分だけかなり年上だったり、またはその逆だったりでは少し落ち着きませんよね。またその人の好みもあるので、アクティブなツアーなら、「Are you an active person?」（動くのは好きですか？）などと聞いても◎。

	果物狩り		体験&訪問
ぶどう	grape picking	世界遺産	World Heritage Site
みかん	tangerine picking (mikan picking)	工場見学	factory tours
梨	Japanese pear picking	酒蔵見学	a visit to a sake brewery
さくらんぼ	cherry picking	バンジージャンプ	bungee jumping
いちご	strawberry picking	川下り	rafting
	食べ放題	洞窟体験	caving
すき焼き	all-you-can-eat sukiyaki	そば打ち	soba making
かに	all-you-can-eat crab	陶芸	pottery making
お寿司	all-you-can-eat sushi	酪農体験	dairy farming experience
松茸	all-you-can-eat matsutake mushrooms (an autumn specialty)	ダム見学	[Kurobe] Dam tours (通常はダムの名前を入れる)
浜焼き	all-you-can-eat fresh seafood (clam bake)	紅葉狩り	autumn foliage tours
バイキング	buffet	イルミネーション	[Christmas] illumination tours

※イディオムで、「えり好みしている」という意味で「cherry picking」というものがあります。チャーハンのエビばかり取る、などといったシチュエーションで使われます。

ツアーを説明するフレーズ

グルメ、アクティビティ、買い物、どういったことが好きですか？
What interests you? Fine dining, physical activities, shopping…

ご参加人数は何人ですか？
How many people in your party?

片道2時間以内の場所はこちらです。
Here are the places within 2 hours one way, from here.

ぶどうは3kgまで持って帰れます。
You are permitted to take with you, up to 3 kilograms (6.6 pounds) of grapes.

ツアーにはガイドが同行します。
It's a guided tour.

自由時間が2時間あります。
You will have two hours of free time.

初心者の方でも大丈夫です。
It's suitable for beginners, too.

今日の午後6時で申し込みは締め切りです。
Registration ends at 6 p.m. today.

22 クレジットカードを案内する

日本ではまだまだカードの使える店が少ないです。
手持ちのカードを聞いて、素早く案内できるとよいですね。

MUST

このクレジットカードは満天百貨店で使えますか？

Can I use this credit card at Manten Department Store?

はい、ご利用いただけます。

Yes, this card is accepted.

おもてなし

窓口で乗車券をお求めの場合は、クレジットカードがご利用いただけます。

You can use credit cards if you buy your (railway) ticket at the window.

使える

お店に電話してご確認いただけますか？

Would you telephone the shop to make sure?

使える

この2枚のカードはご利用になれます。

These two credit cards can be used.

三田百貨店で、このカードが使えないと言われたんですが……。

I was told at Mita Department Store that they don't accept this credit card.

そうですか。お隣の三井百貨店なら使えるようです。

I see. Mitsui Department Store next door should accept it.

そのカードは日本ではなかなかご利用になれないかもしれません。

I'm afraid not many places in Japan accept this card.

郵便局やコンビニで現金を引き出される方がいいかもしれません。

It might be best for you to get cash from a post office or convenience store.

総額5000円以上でカードが使えます。

Credit cards are accepted if the total is over 5,000 yen.

TEACHER'S ADVICE

使えるカードはわかりやすく!

お店で使えるカードは、レジ横ではなくお店の外からも見える場所に掲示しておきましょう。また、お客さまのカードが使えない場合は、"I'm sorry, we don't accept American Express here. Do you have another card?" など、別のカードがあるかも確認しましょう。

23 飲食店を紹介する

旅の楽しみを食事にしている人も多いはず。
あなたの町ならではのおいしいお店を紹介しましょう！

MUST

今晩このあたりでごはんを食べるのに、お薦めはありますか？

Can you recommend a place to eat around here tonight?

はい、どんなジャンルがよろしいですか？

Sure. What kind of place do you have in mind?

使える

何名で行かれますか？
How many people?

使える

予約を取りますか？
Would you like reservations?

おもてなし

このクーポンを見せると、割引してもらえます。
Show this printout, and you'll get a discount.

定食屋を案内する

お腹が空いているんだけど疲れているので、サッと食べられるところがいいです。

I'm hungry but tired as well so something simple would be nice.

では、定食屋はいかがですか？ 気軽な日本のごはんで、メインのおかずに小鉢、ごはん、おみそ汁、お漬物がつきます。

Then how about a *teishokuya*—a casual Japanese eatery with set menus that consist of a main dish, a side dish, rice, miso soup, and pickles?

いいですね。予算はどれくらいですか？

That sounds intriguing. How much should I expect to pay?

大体800〜1000円の間です。

Usually between 800 and 1,000 yen.

注文してから10分もかからずに食べられると思います。

The food usually comes within ten minutes of ordering.

TEACHER'S ADVICE

定食＝teishoku って何⁉

意外と知られていない「定食」。紹介するいい機会です。「A casual Japanese meal」「A set of dishes that workers and students enjoy.」など様々な言い方ができます。こじゃれたものではないという意味で「It's nothing fancy.」とも言えます。

ラーメンを案内する

日本のラーメンが食べてみたいんです。
I want to try Japanese ramen.

ラーメンですね！ こってりしたもの、さっぱりしたものどちらがよいですか？
OK, ramen! Do you like ramen rich or light?

こってりしたスープが食べたいです。
I like a thick, rich soup.

では、「力麺」はいかがですか？ この界隈の豚骨ラーメンでは一番です。
Then I recommend Chikaramen. Their rich, pork bone broth is the best in this area.

おいしそうですね。そこに行ってみたいです。
That sounds delicious. I'll go there.

地図に印をつけますね。人気のお店で少し並ぶかもしれませんが、楽しんできてください！
I'll mark it on this map. It's a popular place and you might have to wait a bit to get in. Enjoy!

大衆居酒屋を案内する

あまり高くなくてお酒もおつまみも楽しめるところがいいです。
We'd like to go somewhere not too expensive where we can eat and drink and have a nice time.

それなら「三河」か「鳥よし」というお店がお薦めです。どちらも居酒屋といってお手頃なパブみたいなものです。
Then Mikawa or Toriyoshi is your place. They are both *izakayas*—cheap gastropubs.

「三河」は1品500円くらい、「鳥よし」は300円です。
Every item at Mikawa is about 500 yen, and every item on Toriyoshi's menu is 300 yen.

300円？ それは安いですね。
Three hundred yen? That's cheap.

はい。お魚、ごはんもの、サラダ、おつまみ、デザートなどたくさんのメニューがありますよ。
Yes, and there are many things on the menu: fish, rice, salads, appetizers, and desserts.

よさそうですね。「鳥よし」に行ってみようと思います。
That sounds good. I'll try Toriyoshi.

回転寿司を案内する

気軽にお寿司を食べられるところはありますか？
Is there a not-so-expensive sushi shop that you can recommend?

 はい、この駅の近くに３つ回転寿司屋さんがあります。
Yes, there are three conveyer belt sushi shops near the train station.

 回っているのを選んで食べるスタイルのお店です。
You can help yourself to the sushi that comes around.

面白そうですね。
That sounds like a winner.

 お皿の色によって値段が違ったりするので、最初にチェックしてみてください。
The sushi prices depend on the color of the plates, so check the colors first.

 ここから一番近い「葵」はネタが新鮮だと評判ですよ。
People say that "Aoi," which is the nearest from here, has the freshest fish.

鉄板焼きを案内する

インフォメーションで案内する **2**

鉄板焼きのおいしいお店がいいです。
I'd like to go to a good teppanyaki place.

承知しました。ここから7分の「みやび」はいかがでしょう。
OK. How about "Miyabi" which is about 7 minutes from here?

ブランド牛のステーキが有名で、お好み焼きも食べられます。
（お好み焼きはお肉や野菜が中に入った日本のパンケーキです。）
They are famous for top-notch steaks. And, you can eat okonomiyaki, too.
(Okonomiyaki is a Japanese pancake with meat and veggies inside.)

お好み焼きも食べてみたかったんです。
I wanted to try okonomiyaki, too.

シェフが目の前で焼いて取り分けてくれるのも楽しいですよ。
You can watch the chef cook everyting right in front of you.

それは素晴らしい！「みやび」に決めました。
That's perfect! "Miyabi" it is.

24 天気のことを話す

一番身近で話題にしやすいのが、天気のこと。
ちなみに多少の雨なら、レインコートだけで歩く欧米人が多いです。

MUST

寒かったですよね、中へどうぞ。

It must have been cold. Come on in.

こんなに寒いのかとびっくりしました！

I was surprised that it was so cold!

 今日は雪が降るかもしれません。

Maybe it will snow today.

 この辺りでは、年に2、3回しか雪は降りません。

It only snows a few times a year around here.

 午後からは晴れるみたいです。

It's supposed to clear up this afternoon.

インフォメーションで案内する **2**

ちょっと雨宿りさせてください。
Please let me take shelter from the rain.

急な土砂降りでびっくりしましたね。どうぞゆっくりなさってください。
Suddenly it started pouring, didn't it? Please stay as long as you like.

あと1ヶ月くらいは暑さが続くみたいです。
These hot temperatures will probably continue for another month or so.

今日は暑くなりそうなので、熱中症に気をつけてください。
It's going to be hot today so take care not to get heatstroke.

今日は暖かくて(涼しくて)過ごしやすかったですね。
It was nice and warm (cool) today, wasn't it?

TEACHER'S ADVICE

天気のバリエーション

天気の表現には様々なものがあります。sunny（晴れ）、cloudy（曇り）、partly cloudy（晴れときどき曇り）、rainy（雨）、snowy（雪）、windy（風が強い）、foggy（霧でぼんやりしている）、icy（とても寒い）、drizzling（小雨）など、シチュエーションによって使い分けましょう。

25 Wi-Fiについて案内する

お店を調べたり、宿の場所を確認したり。
旅行に欠かせないWi-Fi、紹介する準備はできていますか?

MUST

Wi-Fiは使えますか?

Is Wi-Fi available?

はい、このパスワードを入れてください。

Yes. Type this password here.

使える

駅やコンビニならWi-Fiが使えます。

Wi-Fi is usually available at train stations and convenience stores.

EXCUSE

すみません、ここではWi-Fiは使えないんです。

Sorry, there's no Wi-Fi here.

使える

SNSアカウントかメールアドレスで利用登録ができます。

You can register with a social media account or email address.

インフォメーションで案内する 2

インターネットにつながらないのですが……。
I can't get online.

あっ、事前登録が必要なのです。
Oh, you must register first.

このアプリをダウンロードしていただく必要があります。
You have to download this app.

1階フロントそばに無料で使えるパソコンがありますので、ご利用ください。
There's a free public computer on the first floor near the reception desk.

SNSのアカウントでもログインができますよ。
You can login with your social media account, too.

TEACHER'S ADVICE

Wi-Fiの整備は大切！

よく言われていることですが、日本ではWi-Fiがまだまだ整備されていません。Wi-Fi利用可と書いてあっても、申請などが必要なケースが多いです。旅行中ずっと使いたい人にはルーターを借りられる場所を紹介できるとよいですね。

26 宿泊先を探す

気分が変わって延泊、といったことはあるものです。
「日本」を感じられる宿を紹介できるとよいですね。

MUST

今夜泊まれるところを探しているのですが。
I need a room for tonight.

調べてみますね。
Let me check.

何名のご宿泊ですか？
How many people in your party?

どれくらいの予算でお探しですか？
What's your budget?

素泊まりでも大丈夫ですか？
Would a room with no meals be OK?

インフォメーションで案内する **2**

ユースホステルで、朝食つきで3000円のところが空いています。
There's availability in a youth hostel at 3,000 yen a night which includes breakfast.

ありがとう。そこを予約してもらえますか？
Thank you. Can you reserve it for me?

今空いているのは、1泊7000円のビジネスホテルだけになります。
The only thing open right now is a 7,000 yen per night budget hotel.

そうですか、じゃあちょっと考えてみます。
Oh, then I'll give it some thought.

今夜1泊はできるのですが、明日以降は満室です。
They have room for tonight, but they are sold out from tomorrow.

TEACHER'S ADVICE

日本の宿は多種多様！

日本にはありとあらゆる「泊まる」ことができる施設があります。ホテルだけでなく旅館、民宿、カプセルホテル、宿坊、ペンションなど多種多様。モーテル、ホテル、キャンピングしかない国からの人は楽しめるはず。その人の好みに応じて薦められるとよいですね。

お決まりフレーズがあれば気がラクに

インフォメーションに来る人の中には、「何か面白いことがないかな？」「この街は何があるのかな？」と予定がびっしりとは決まっていない人も多いはず。

"You must try ….”
　　（～は試してみるべきです）
"Have you been to …?"
　　（～には行ったことがありますか？）
"Are you interested in …?"
　　（～にはご興味がありますか？）
"If you like bread, there's an excellent bakery …."
　　（もしパンがお好きでしたら、素晴らしいパン屋さんがありまして……）

こんなフレーズたちは、よく使えます。
すき焼きやカラオケが英語なのは有名ですが、布団、折り紙、盆栽、酒、枝豆、弁当なども英語として親しまれています。

PART

道

を案内する

27 自分で道を案内する

日本の住所は本当にわかりにくいです。
時間があるなら、ぜひ案内してあげて。

MUST

三ツ丸カフェに行きたいのですが。
I'd like to go to Mitsumaru Cafe.

知っているのでご案内します。
I know where that is. I'll walk you.

おもてなし

行く道の途中なので、大丈夫ですよ。
I'm heading in that direction, no problem.

おもてなし

歩いて5分くらいのところなので、お気になさらずに。
It's only about 5 minutes from here. I'm glad to be of help.

おもてなし

ちょうど私もそこへ行くところだったんです。
I was just going there myself.

道を案内する 3

住所はわかりますか?
Do you know the address?

はい、これが住所です。
Yes, it's here.

アプリで見てみますね。あちらの方角みたいですね。
Let me look on my app. It looks like it's in that direction.

どうもありがとう。
Thank you.

ちょっとわかりにくい場所なので、ご案内しますよ。
It might be hard to find so I'll go with you.

TEACHER'S ADVICE

わかりにくいですね、と共感を

海外の人からすると、日本の住所は小さな通りになると名前がなく、番地も連番ではないので面喰らってしまいます。細かい地図が出るアプリなどでお手伝いしつつ、「本当にたどり着くのが大変ですよね」と共感してあげてください。

28 目印で伝える

道を案内するときに便利な目印。
色や動物など表現できる単語を駆使して。

MUST

このカフェに行きたいんですが……。
I want to go to this cafe.

 郵便局の隣にあります。
It's next to the post office.

 ATMの向かい側にあります。
It's across from the ATM.

 スーパーの入ったビルの上にあります。
It's above the supermarket.

 大きな書店の地下にあります。
It's in the basement of a big bookstore.

案内に役立つ語句

銀行	bank	ドラッグストア	drug store
病院	hospital	八百屋	greengrocer (produce market)
美容院	hair salon	クリーニング店	laundry
歯医者	dentist	書店	bookstore
公園	park	文房具店	stationery store
コンビニ	convenience store	駐車場	parking lot
小学校	elementary school	映画館	movie theater
中学校	junior high school (middle school)	ガソリンスタンド	gas station
高校	high school	交番	police box

TEACHER'S ADVICE

身近な目印を探して

自分の周辺の環境で目印になるもの、意外と覚えていないものです。アルファベットのある看板、立ち入り禁止のサイン、BOSSと書かれた青い自動販売機、桜の描かれたマンホール、オレンジのポスト（アメリカは青）など伝わりやすいものを日頃から意識して。

目印になる語句

電器量販店	big electronics retailer	墓地	cemetery
百貨店	department store	雑貨店	knick-knack shop
市役所	government office	酒店	liquor store
保険会社	insurance company	生花店	florist
バスターミナル	bus terminal	専門店	speciality store
団地	housing complex	不動産会社	real estate agency
テレビ塔	TV tower	教会	church
体育館	gymnasium	大使館	embassy
公民館	community center	市民プール	public swimming pool
図書館	library	スポーツセンター	sports center
植物園	botanical garden	遊歩道	promenade
球場（屋外）	ballpark (stadium)	動物病院	animal hospital (veterinarian / vet)
球場（屋内）	indoor ballpark (indoor stadium)	複合ビル	commercial complex

案内に役立つフレーズ

そのお店は高架下にあります。
That shop is below the underpass.

そのバーは、商店街の真ん中辺りにあります。
That bar is located around the center of the shopping street.

そのカフェは堤防の下の道沿いにあります。
That cafe is along the street under the embankment.

その屋台は公園の入り口で出店しています。
That food stall is in front of the park entrance.

線路を渡らず、左の小道に入ってください。
Go down the small street on your left without crossing the railroad tracks.

高速の下をくぐっていってください。
Pass the overhead highway.

オレンジ色のマンションの1階がそのお店です。
The shop is on the first floor of the orange apartment.

29 反対側だと伝える

場所は近いけれど反対側、よくあるシチュエーションです。
「on the other side」をうまく使って紹介しましょう。

MUST

矢沢科学館に行きたいのですが。
I'd like to visit the Yazawa Science Museum.

 あっ、そこは道の反対側にあります。
Oh, that's on the other side.

 歩いてこられた道を10分くらい戻ってください。
Do a U-turn and go back about 10 minutes.

 道を渡ったら、すぐですよ。
Cross the street, and it's right there.

 1ブロック戻ってください。
Please go back one block.

道を案内する 3

ここは南側で、そのパン屋さんは北側にあります。
This is the south side of the station. That bakery is on the north side.

駅の通路を抜けて、北側に出られます。
You can use the station passageway to go to the north side.

信号で向こう側に渡れますか?
Can I cross to the other side at the traffic light?

信号はないのですが、歩道橋が使えます。
There's no traffic light. You can use the pedestrian bridge.

そのお店はこのビルの裏側にあります。
That shop is behind this building.

TEACHER'S ADVICE

「turn」と「go」が道順の要

道順を案内するのと同じくらい大事なのが、進行方向を正確に伝えること。「turn」は「角」を曲がるときに使い、「go」は体の向き、進行方向を変えるときに使います。駅の出口を出て、まず「go right」と言えば進行方向が確定できます。

087

30 道を案内する 実践1

さあ、実践です。角を曲がる「turn」と体の向きを変える「go」の使い分けも意識してください。

目的地：郵便局

左に向き、2つめの角を左に入ってください。
銀行を通りすぎた右手に見えます。

Go left. At the second corner, turn left. It's on your right after the bank.

目的地：居酒屋

左に向き、ここから、左手の4つめの通りの角にあります。

Go left. From here, it's on the corner of the fourth street on your left.

目的地：ミュージアム

左に向き、3つめの角を左に曲がります。
二股になった道で右に曲がると右手に見えてきます。

Go left. Then turn left at the third street. At the fork, go right, and you'll see it on your right side.

目的地：公園

道の反対側に渡り、左に向き4つめの通りで右手に曲がります。数分で正面に見えてくるでしょう。

Cross to the other side of the street. Go left. Turn right at the fourth street on your right. In a few minutes, it will be in front of you.

31 道を案内する　実践2

案内にも慣れてきましたか？
続いて、あと4パターン練習してみましょう。

目的地：カフェ

道の反対側の路地が見えますか？ あの路地を直進し、2つめの交差点で左に入ると右手に見えてきます。

Do you see that narrow alley across the street? Go down that alley. At the second intersection, turn left and you will see it on your right.

目的地：書店

左に向き、2つめの信号で右側にわたります。通りを直進すると、大きな書店が最初の角を越えたところで左手に見えます。

Go left. At the second traffic light, cross to the right. Go straight down the narrow alley. The big bookstore is on your left after the first corner.

目的地：パン屋

道の反対側に渡ってください。左に向き、2つめの角を右に入ると、左手に小さなお店がたくさん見えます。パン屋は3つめにあります。

Cross to the other side of the street. Go left. At the second corner, turn right. You will see many small shops on your left side.
The bakery is the third shop on your left.

目的地：アクセサリーショップ

左に向き、2つめの信号で道の反対側に渡ってください。左を向き、最初の角を右に曲がります。右手の2つめのお店でドラッグストアとCDショップの間です。

Go left. At the second traffic light, cross to the right. Go left. At the first corner, turn right. It's the second shop on your right, between the drugstore and CD shop.

道を案内するフレーズ

そのデパートを通り抜けると<u>近道</u>になりますよ。
Going through the department store is a shortcut.

「山田旅館」の看板を左に入ってください。
Turn left at the Yamada Ryokan sign.

この線路沿いをまっすぐ行ってください。
Go straight along these railroad tracks.

この道を道なりに行くと公園の裏側に出ます。
Keep going along this street and you will be behind the park.

3つめの信号の近くの階段を昇ってください。
Go up the stairs near the third traffic light.

この先は行き止まりになっています。
It's a dead end ahead.

153-61番地はもう少し先にあります。
The address, 153-61, is a little further ahead.

道を案内するフレーズ

突き当たりを右に曲がって、しばらく歩いてください。

Turn right at the end of this street, and walk a little more.

この坂を上ってください。上りきった辺りにあります。

Go up this hill. It's near the top of this hill.

この坂を下ってください。3分もかかりません。

Go down this hill. It should take less than three minutes.

正面に小学校が見えたら、そこを右折してください。

When you see an elementary school in front of you, turn right.

橋を渡ったら、三叉路があります。真ん中の道を行ってください。

Cross the bridge and you'll come to three streets. Take the middle one.

まっすぐ行くと緑道があるので、そこを左に曲がってください。

Go straight, and you'll come to a greenway. Turn left.

踏切を渡ってすぐの左の道に入ってください。

Turn left right after the railroad crossing.

32 バスの方が早いと薦める

このバスで本当に目的地まで行ける……!?
不安になりがちなバス、声かけをしましょう。

MUST

> B美術館まで行きたいんです。
> I'd like to go to B Museum.

> それなら、電車よりバスの方が早いです。
> In that case, going by bus is better than going by train.

料金は1人200円です。
The fare is 200 yen per person.

乗るとき（降りるとき）に料金を払ってください。
Pay the fare when you get on (get off) the bus.

電車では見られない景色が楽しめますよ。
You can see different scenery on a bus.

道を案内する 3

降りるときはどうすればいいんですか？
How do I get off?

次に停まる停留所がアナウンスされるので、ボタンを押してください。
Push the button after you hear the announcement regarding the next stop.

そのお店は野崎公園バス停の近くです。
That shop is near Nozaki Park bus stop.

バスは1時間に6本出ています。
There are six buses an hour.

ここから渋谷に戻るバスも出ていますよ。
There's a bus that takes you back to Shibuya from here, too.

TEACHER'S ADVICE

運転手さんはサポートしてあげて

海外の人がバス停のアナウンスを聞き取ることはなかなか難しいです。運転手さんは「Stand here. I will tell you.」（ここに立っていてください、教えます）や、「Seven stops.」（7つ目の停留所です）など、心配にならないようにサポートしてあげてください。

33 タクシーを案内する

まずは、所在地を書いてもらいましょう。
そして復唱し、安心してもらいましょう。

MUST

5時にここに着きたいけど、間に合いますか？

I'd like to arrive here by five o'clock. Will I make it?

それなら、タクシーに乗った方が確実です。

In that case, you should take a taxi.

 使える

この通りならすぐタクシーがつかまりますよ。

Stopping a taxi along this street is easy.

 おもてなし

タクシー乗り場までご案内します。

I'll show you the way to the taxi stand.

 使える

初乗りは700円くらいです。

The fare starts at about 700 yen.

道を案内する 3

急いでいるのですが、どれくらいで着きますか？
I'm in a rush. How long will it take?

ここからなら10分くらいで着きますよ。
From here, it should take about 10 minutes.

道が混んでいたら、20分くらいかかるかもしれません。
If the roads are crowded, it may take about 20 minutes.

J会館までお願いします。
Please take me to J Kaikan, please.

はい、所在地はおわかりになりますか？
OK. Do you know the address?

TEACHER'S ADVICE

まずは安心してもらうことが大切

「How much to Tokyo Station?」などと値段を聞く人も珍しくありません。「About 2000 yen.」など少し多めの料金を伝えましょう。深夜料金（Plus late-night fee）や高速代（Plus expressway tolls）も事前にアナウンスして。

まずは、声をかけて!

道で困っているのかな?という人を見つけたら、"May I help you?" と笑顔で声をかけましょう。
もし彼らが "No, thank you" と答えたら、さわやかに "Good! Have a nice day!" と言えばいいだけ。

「自分の今の英語力では……」とひるむことはありません。
全身でジェスチャーを交えながら、石、葉っぱ、枝などの道具も使い、あなたの体の向きを変えながら説明すれば、言葉がなくても道順を伝えることは必ずできます。
それでも解決できないときは、誰かほかに助けられそうな人を探してバトンを渡しましょう。

PART

宿泊

を案内する

34 旅館で出迎えをする

ホテルとは違う旅館のおもてなし。
まずはそのスタイルを知ってもらいましょう。

MUST

予約していたスコットです。
My name is Scott, and I have a reservation.

ようこそ。お越しいただいて嬉しいです。
Welcome. We're happy you're here.

ここで靴をお脱ぎになってください。
Please take off your shoes here.

お荷物をお持ちします。
Let me get your bags for you.

階段が急なのでお気をつけください。
Please be careful as the stairs are steep.

宿泊を案内する 4

温泉にはすぐ入れるのですか？
Can we visit the onsen (hot spring) right away?

はい、24時間いつでもご利用いただけます。
Yes, it's open 24 hours a day.

夜は10時までで朝は6時から開いてます。
It's open from six in the morning to ten at night.

ごはんはどこで食べるのですか？
Where is dinner served?

こちらのお部屋まで運んできます。
We will bring your dinner to your room.

TEACHER'S ADVICE

仲居さんが何度も部屋に来すぎ!?

ホテルに慣れた人だと、何度も部屋に来る旅館には面喰らう人も多いです。「I will visit your room to prepare dinner, then futons.」「I will come again at 7:00 p.m.」と案内し、どのタイミングで来るかも伝えられるとよいですね。

35 旅館で部屋を案内する

建物の説明もしながら、非常時のために
出口を説明し、電話の使い方も伝えましょう。

MUST

部屋の鍵をお渡しします。
Here is your room key.

ありがとう。
Thank you.

外出の際は受付に鍵をお預けください。
When you go out, please leave the keys at the reception.

外出されるときは、0時までにお戻りください。
If you go out, we ask that you return by midnight.

貴重品は金庫に入れてください。
Please put your valuables inside the safe.

宿泊を案内する 4

冷蔵庫の中からご飲食された分は、チェックアウトの時に精算します。

Items taken from the refrigerator will be settled upon checkout.

自動販売機はありますか？

Do you have any vending machines?

はい、3階と5階にあります。売店は午後8時まで開いています。

Yes, on the third and fifth floors. The shop is open until 8:00 p.m.

お茶はテーブルにご用意してあります。

Complimentary tea is on the table.

夕食は6時、7時、8時です。何時がご希望でしょうか？

Dinner can be served at six, seven, or eight o'clock. What time would you like?

TEACHER'S ADVICE

フロントへの直通番号を知らせて

海外の人にすれば、トイレのスリッパはとても不思議です。そのスリッパで部屋にも行きかねないので、「These are toilet slippers.」と伝えましょう。フロントの番号も「Press 9 for anything.」などとシンプルに伝えて。

36 食事を案内する

お客さまに食材制限はありませんか？
予約時に必ず確認するようにしましょう。

MUST

お食事の支度をさせていただきます。
May I start setting up your dinner?

ありがとう。
Thank you.

使える

火をつけさせていただきます。
I will light this now.

使える

食前酒をどうぞ。
Here are your aperitifs.

おもてなし

ごはんのお代わりはこちらにあります。
There's more rice here.

宿泊を案内する 4

これは何の魚ですか?
What fish is this?

「はまち」という魚です。今朝仕入れたばかりのものです。
This fish is called *hamachi*. It came in this morning.

言い忘れていたのですが、生の魚が食べられないのです。
I forgot to mention that I cannot eat raw fish.

わかりました。別のものにできるかシェフに確認します。
OK. I'll check with the chef to see what can be done.

承知しました。煮魚なら大丈夫ですか?
I understand. Can you eat stewed fish?

TEACHER'S ADVICE

チェックイン時にも確認を

チェックイン時に「Do you have food restrictions?」と聞き、予約時に聞いた場合は、笑顔で「No beef and pork, right?」などと確認を。応えられないときは「We're very sorry, our menu is pre-fix only.」とお詫びを。

37 温泉を案内する

海外の人は温泉に何度も入ると思っていないかもしれません。
是非何度も！ と伝えましょう。

MUST

お湯がミルクみたいですね。
The water looks milky.

にごり湯と言って、美肌効果があります。
It's called *nigori-yu*, and it is said to make your skin beautiful.

お風呂にタオルをつけないでください。
Please don't put any towels in the bathtub.

ここからお湯が噴き出します。火傷しないように気をつけてください。
The hot water comes out from here. Take care not to burn yourself.

このタオルで体を洗ってください。
This towel is for washing your body.

入浴方法を伝える

宿泊を案内する 4

入り方はわかりますか？ 4ステップです！
Do you know what to do?
There are 4 steps.

お湯につかる前に体を洗いましょう。
Please wash before getting into the tub.

お湯につかる前にかけ湯をしましょう。
Pour some water from the tub on to your body before getting into the tub.

ゆっくりとお湯に入ってください。
Enter the tub slowly.

お風呂から上がったら、水分をとってください。
Drink plenty of liquids after your hot spring (onsen) experience.

TEACHER'S ADVICE

真剣になって顔が険しくならないように！

お風呂の入り方を説明するとき、指示的にならないように笑顔で、フレンドリーに、余裕をもって接して。「If you stay in the water for too long, you might get dizzy.」（長湯するとのぼせてしまいます）も伝えましょう。

温泉を説明するフレーズ

昔は病気の療養のために温泉を訪れ、長期滞在する人がたくさんいました。

A long time ago, visiting hot springs were for medicinal purposes, and people stayed for a long time.

源泉かけ流しのため、お湯はぬるめです。

Our mineral waters flow straight from the source and are never pumped back. Therefore the water may be a little lukewarm.

30分だけ温泉を貸切にできます。いかがでしょうか？ いつがいいですか？

You can reserve a private bath for 30 minutes. Would you like that? What time?

乳白色のお湯には硫黄が含まれています。

There's sulfur in the milky waters.

茶色っぽいお湯、赤っぽいお湯には鉄分が含まれています。

If the water is brown or red, there's iron in it.

露天風呂には猿が温まりにやってきます。

Monkeys come to warm up in the outdoor mineral baths.

お湯に浮かべているりんごが好評です。

People like the apples that we float on the hot water.

混浴は露天風呂です。

Mixed bathing is outdoors.

19～20時は女性専用の時間になっています。

It's women-only between seven and eight p.m.

温泉につかるのは1日3回までにしてください。

It's recommended that people limit their onsen visits to three times a day.

温泉の効果、効能

冷え性	get cold easily	神経痛	neuralgia
皮膚病	skin problems	切り傷	cut
疲労回復	recovery from fatigue	火傷	burn
打ち身	bruise	関節痛	joint pain
肌荒れ	rough skin	肩こり	stiff shoulders

38 自由に選んでもらう

お客さまにとって「選択の自由」はかなり大事。
できる限り選択肢を増やせるよう、努めましょう。

MUST

ご夕食の鍋ですが、鮭と鱈とどちらがよろしいですか？

For your hot pot at dinner, you have a choice of salmon or cod.

鮭でお願いします。

Salmon, please.

こちらにお座りください。

Please have a seat here.

ごはんは何がよろしいですか？ 白米、玄米、雑穀米があります。

What kind of rice would you like? We have white, brown, or multigrain.

浴衣とパジャマをご用意しておきました。

We have prepared light kimonos and pajamas for you.

宿泊を案内する 4

お好きな席にお座りください。
Please sit wherever you like.

おふとんの支度をしましょうか？
May I prepare your futons?

ええ、お願いします。
Yes, please.

結構です。／後でお願いします。
Not yet. / Later, please.

お茶はご自由にお飲みください。
Please help yourself to the tea.

TEACHER'S ADVICE

食事をしている間にふとんがない⁉

朝食を食堂で食べている間にふとんが上げられていることがあります。部屋を空けているときに誰かが入るというのはプライバシーに関すること。「When you are at breakfast, we will put away your futons.」など前もって知らせましょう。

39 旅館での朝食を案内する

流れ作業になりがちな朝食のシーン。
短くてもことばを交わせるとよいですね。

MUST

おはようございます。朝食の支度をしてもよろしいでしょうか？

Good morning. May I prepare your breakfast?

はい、お願いします。

Yes, thank you.

（鍋などで）火が消えるまでお待ちください。

Please wait until the fire goes out.

ごはんのお代わりはご遠慮なくおっしゃってください。

Don't think twice to let me know if you'd like more rice.

お茶をここに置かせていただきますね。

I will put your teas here.

宿泊を案内する 4

今日の魚は鮎です。川魚で、日本語では「アユ」と言います。
Today's fish is sweetfish. It's a river fish called *ayu* in Japanese.

（海苔を）これはどうやって食べればいいですか？
How do I eat this?

そのまま食べていただいても、ごはんを巻いて食べてもよいです。
You can eat it as is, or you can roll rice with it.

しょう油をつけるのが好きな人も多いです。
Many people like to dip it in soy sauce, too.

これは茶わん蒸しと言って温かい卵のプリンのようなものです。中には小さな具がいくつか入っています。
This is *chawanmushi*, a hot, steamed egg pudding. You'll find small goodies inside.

TEACHER'S ADVICE

コーヒーはいつ飲む？

コーヒーが食後なのは日本文化。先に飲みたいお客さまも多いはずなので、「Would you like coffee first?」と最初に聞きましょう。また「Did you sleep well?」など簡単な手持ちフレーズを5つくらい準備できるといいですね。

40 旅館でお見送りをする

西洋のチェックアウトは基本12時。
チェックイン時に時間をお知らせしましょう。

MUST

チェックアウトをお願いします。
I'm ready to check out.

承知しました。鍵はお持ちでしょうか？
Yes, sir. Do you have the room key?

こちらが領収書でございます。
Here is your receipt.

お忘れ物はございませんか？
Do you have all your belongings?

この後もよいご滞在を！
May you continue to have a pleasant journey in Japan!

DIALOG

ありがとうございます。
冷蔵庫から何か飲まれましたか?
Thank you. Did you have anything from the refrigerator?

いいえ、飲んでいません。
No, nothing.

ではお代は1泊2名様で28080円となります。
Then your final bill, one night for two people, comes to twenty-eight thousand and eighty (28,080) yen.

はい、これでお願いします。
Here you are.

ありがとうございます。30000円お預かりしまして、1920円お返しいたします。
Thank you. Out of 30,000 yen. one thousand nine hundred and twenty (1,920) yen is your change.

いかがでしたか? ご満足いただけましたでしょうか。
How was your stay with us? Was everything to your satisfaction?

ええ、ごはんもおいしく、リラックスできました。
Yes, I enjoyed the food and could relax.

ありがとうございます。駅まで旅館の車でお送りします。
Thank you. We will take you to the station with our hotel car.

TEACHER'S ADVICE

小さなギフトを

小さなものでよいので、折り鶴、手ぬぐい、お箸などのギフトをプレゼントし、「Please come back and see us again.」(またお越しください)と言えるといいですね。またベストポイントで写真を撮るなどの気遣いも喜ばれるはずです。

41 ビジネスホテルを案内する

お客さまと関わる場面が少ないビジネスホテル。
意識的に少し声をかけられるとよいですね。

MUST

ご予約ありがとうございました。こちらにご記入いただけますか？

Thank you for your reservation.
Please fill out this form.

わかりました。

OK.

EXCUSE

料金を前払いでいただいております。

We require payment in advance.

おもてなし

どうぞごゆっくりおくつろぎください。

I hope you have a nice stay.

使える

チェックアウトは10時です。

Check out time is 10:00 a.m.

宿泊を案内する 4

朝食は無料です。

Breakfast is included.

朝食は7時半から2階のデイジーレストランでご用意します。お楽しみください。

Breakfast is served in the Daisy Restaurant on the second floor from 7:30. Please enjoy.

室内のカードでの案内

清掃は山口が担当しました。

Cleaning was done by Yamaguchi.

ホテル周辺の地図です。(ご自由にお持ちください)

Map of the area around the hotel. (Help yourself. / Take one.)

フロントへは123番へおかけください。

To reach the reception desk, please dial 123.

パジャマのサイズが小さい場合は別のものをご用意いたします。

If the pajamas are too small, we will gladly replace them.

TEACHER'S ADVICE

観光の提案をしても

受け付け時に、「Japanese & Western breakfast is included.」(和洋の朝食がついています)とお伝えしましょう。また、リーズナブルに楽しみたいという人が多いはずなので近隣のおいしいお店や見るところを紹介しても◎。

42 ゲストハウスで迎え入れる

お客さまは泊まり慣れている人がほとんど。
積極的におせっかいするくらいの気持ちで。

MUST

予定よりも少し早いんですが、大丈夫ですか？

We're a bit early. Is it OK?

もちろんです。こちらへどうぞ。

Of course. Right this way, please.

使える

古い建物をリノベーションしました。
We renovated an old building.

おもてなし

自転車を貸し出ししています。
We have rental bikes.

おもてなし

コーヒー、紅茶は無料です。
Coffee and teas are complimentary.

宿泊を案内する **4**

部屋はどちらですか？
Where's the room?

こちらです。このベッドの上段を使ってください。
It's here. The top bunk is yours.

女性専用ルームになります。こちらへどうぞ。
This is a women-only room. This way, please.

貴重品はどこに置けばいいですか？
Where can I keep my valuables?

このロッカーをお使いください。鍵をどうぞ。
Please use this locker. Here is the key.

TEACHER'S ADVICE

お客さまとどんどん会話して！

お客さまと会話をするときに気をつけたいのが、「どこから来たの？」「何をするの？」「仕事は何？」と質問攻めで尋問みたいになること。1つのアンサーに3つくらいのコメントをするくらいのつもりで会話を楽しんでみて。

お客さまのリクエストに応えるノートを

夜間の外出禁止、チェックアウトの時間の早さなど、海外のホテルに泊まり慣れているお客さまからするとストレスを感じることもある日本の宿泊施設。

だからこそ、笑顔で「いつでもなんでもお申しつけくださいね！」(If you need anything, let us know!) と声をかけることが大切です。小さなノートでいいので、ポケットに常に携帯し、メモをとりましょう。そして、もし何を言われているかわからないときも、

「知りません」(I don't know.) と即答せず、「I don't know but I will find out」（わからないのですが、お調べします。）と応える姿勢を見せて。

その場は英語の得意な人に代わってもらったとしても、どう応えればよかったか、なんと英語で言えばよかったかは記録し続けることが大切。

お客さまからの質問や疑問をメモし続けたノートは、いつかどんな問いかけにもさっと答えられるようになる強い味方になるはずです。

PART

日本的なもの
を案内する

43 神社を案内する

神社は海外の人にはなじみのないもの。
まずは、オープンな場所だと伝えましょう。

MUST

これが鳥居ですか？

Is this a *torii* gate?

そうです、ここを通って神聖な場所に入ります。

Yes, we go through it to enter a sacred place.

使える

鳥居をくぐる時、出る時はおじぎをして、敬意を表します。

To show respect, we bow whenever we enter and leave through a *torii*.

使える

神社に入るときは必ず鳥居をくぐります。

We should always enter a shrine through the *torii*.

使える

今日は結婚式が行われているみたいです。

It looks like a wedding is being held today.

厄除けの神社として有名なところです。
This shrine is said to ward off evil spirits.

この神社は1000年以上の歴史があります。
This shrine is over a thousand years old.

月に1度骨董市が開催されています。
A flea market with lots of antiques is held here every month.

出勤前にも多くの人が参拝していきます。
Many people pray before going to work.

500円で宝物殿を見学することができます。
For 500 yen, you can enter the treasure hall and see special items.

TEACHER'S ADVICE

日本だけの、独特なもの

「What is a Shinto shrine?」と聞かれることも多いでしょう。「Shinto shrines welcome everybody. Shinto shrine always have a *torii* gate.」「Shinto is uniquely Japanese.」などと歓迎の意とその独特さを伝えましょう。

手水舎を説明するフレーズ

お参り前にお清めすることが大切です。

This purification ritual is important at the beginning of your visit.

右手でひしゃくを持ち、左手に水をかけます。

Pick up the ladle with your right hand and pour water on your left hand.

ひしゃくを左手に持ち替え、今度は右手を清めます。

Next, do the opposite and purify your right hand.

ひしゃくを右手に戻し、左手に水を注ぎ、口をゆすぎます。

Return the ladle to your right hand and cup your left hand. Pour water into it. Rinse your mouth with the water in your left hand.

そのままもう一度左手に水をかけます。

Pour water on your left hand again.

残った水をひしゃくの柄に流します。ひしゃくを清めるためです。

Then let water pour down the handle by raising it vertically. You do this to purify the ladle.

ひしゃくを元の置き場に戻します。

Put it back as you found it.

二拝二拍手一拝を説明するフレーズ

お賽銭を入れます。
Toss in an offering.

鈴を鳴らします。
Ring the bell(s).

二度深くおじぎをします。
Bow deeply twice.

二度拍手をします。
Clap twice.

両手を合わせてお祈りをし、手をおろします。
With your hands together, pray. Put your arms down.

最後にもう一度おじぎをします。
Bow once more.

拍手は神様を呼ぶ、邪気をはらうという意味があるそうです。
It's said that we clap to summon God and to vanish evil spirits.

44 おみくじ、お守りを案内する

お札は敬意を表すために高いところへ、
「Keep this in a high-place」などと案内しましょう。

MUST

おみやげにお守りを買いたいです。

I'd like to buy an amulet as a gift.

どんなものがいいですか？ たくさんの種類があります。

What kind would you like? There are many types.

お正月は新年の指針を得るために、たくさんの人がおみくじを引きます。

Many people draw an oracle to get guidance for the new year.

引いた棒にある番号の紙を取ってください。

Get the paper with the number on the stick.

凶のおみくじは高い枝に結ぶ人が多いです。

Many people tie bad oracles on a high branch.

日本的なものを案内する

あの縦長の紙はなんですか？
What's that rectangular paper?

お札です。神棚など家の中の特別な場所で祀るものです。
It's called *ofuda*. It's a talisman that people place on an altar or a special place in their homes.

おみくじの種類　TYPES OF ORACLES

大吉	Fantastic Fortune	吉	Fair Fortune
中吉	Very Good Fortune	末吉	Little Fortune
小吉	Good Fortune	凶	Misfortune

お守りの種類　TYPES OF AMULETS

家内安全	Well-being of Family	商売繁盛	Business Success
交通安全	Road Safety	安産祈願	Easy Childbirth
恋愛成就	Attainment of Love	学問成就	Academic Success

TEACHER'S ADVICE

凶を引いた人へのメッセージ

最近は英語のおみくじもあるようです。もし凶を引いた人を見たら、「When you're at the bottom, there's only one way to go and that's up!」（一番下なら、後は上がるだけです）などと笑顔でフォローできるとよいですね。

45 お寺を案内する

もしタイミングが年末などなら、
「Ring the bell.」と鐘つきを案内しても。

MUST

入場はここからでよいですか?

Is this the entrance?

はい、拝観料がかかりましてお一人500円です。

Yes, The admission fee is 500 yen per person.

 おもてなし

お茶が出されますので、ゆっくりなさってくださいね。

Tea is coming. Please make yourself comfortable.

 使える

座禅体験ができます。

You can experience Zen meditation.

 使える

ここの石庭は有名です。

This rock garden is famous.

日本的なものを案内する

A寺に行ってみたいです。
I'd like to visit A Temple.

A寺は16時までなので、もう向かった方がいいかもしれません。
A Temple closes at 4 p.m., so you should get going.

朝は9時から開いてますよ。
They open at 9 in the morning.

お坊さんは今はいないんですか？
Aren't there any monks now?

お坊さんは通夜やお葬式があり、1日中お寺にいるとは限らないのです。
Monks can be at wakes and funerals and are not always at their temple.

TEACHER'S ADVICE

敬意をもってお参りすること

お寺では静かにしていること、仏像に足やおしりを向けないことが大事だと最初にガイダンスしましょう。仏像が好きな人には、千手観音を「Many arms bring you many goodness.」と説明するなど、フレーズを準備できるとよいですね。

46 寺社のライトアップを案内する

多くの寺社で美しいライトアップを開催しています。
上着のことや雨の場合のことをお伝えできると親切ですね。

MUST

お寺のライトアップはもう始まっているんですか？

Are the temples lit up at night now?

はい、来週水曜日までやっています。

Yes. They are lit up until next Wednesday.

少し肌寒いので、上着があるとよいかもしれません。

It's a little chilly so you might want to bring a jacket.

期間中は臨時のバスが出ています。

There are additional buses that run during special events.

紅葉の見ごろにはまだ早いかもしれません。

We might be a little too early for the autumn leaves.

紅葉について話す

西山寺の紅葉を見に行くつもりです。
I plan to see the autumn foliage at Seizanji Temple.

そうですか、ちょうど今境内のライトアップをしていますよ。
I see. The temple grounds are illuminated now.

12月初旬が一番綺麗に赤くなります。
The red leaves are most beautiful at the beginning of December.

庭園のライトアップは混みますか？
Are the illuminated gardens crowded?

はい、すごい人出なので早めに行かれた方がいいと思います。
Yes, there are many people so you should go early.

TEACHER'S ADVICE

行列にびっくりしないように

あまりの混雑にびっくりさせてしまうこともあるので「There will be long lines and many people, but it will be gorgeous.」（行列で人も多いけどとても美しいです）と伝え、時間をずらす、雨降りのときに行くなどを提案してもいいですね。

47 地元の祭りを案内する

見てみたいという観光客も多い「祭り」。
自分たちの地元の祭りの魅力を楽しく伝えましょう。

MUST

男性たちがかついでいるものはなんですか?
What are those men carrying?

神輿と言って、移動式の神社です。
A *mikoshi*, or portable shrine.

祭りとは神様へ捧げる儀式です。
Festivals are offerings to the gods.

日本には30万もの祭りがあると言われます。
It is said that there are about 300 thousand festivals in Japan.

神輿が来る時は下がって、かつぐ男性たちとぶつからないように気をつけてください!
When the *mikoshi* comes, step back and be careful not to bump into the men!

5 日本的なものを案内する

この祭りのテーマはなんですか？
What's the theme of this festival?

五穀豊穣と無病息災です。
A big harvest and sound health.

踊っている女性の衣装がかわいいですね！
The dancing women are wearing cute costumes!

それは法被と言います。着てみますか？
They're called happi. Do you want to wear it?

盆踊りを一緒に踊りませんか？
Shall we *bon* dance together?

TEACHER'S ADVICE
その祭りの歴史は？
どんな地域にも昔ながらの祭りがあるものです。地元の小さなお祭りでもそのローカル感が逆に喜ばれたりします。その祭りの由来を小さな紙に英語で書いて渡すといいでしょう。お祭りの食べものを紹介するほか写真を撮る役も買って出て。

[ ] だけ替えればOKのフレーズ

この祭りは [1000] 年以上の歴史があります。

This festival is more than [1,000] years old.

毎年 [8月] に開催されています。

It's held every year in [August].

祭りには [30万] 人以上の人が訪れます。

More than [300,000] (three handred thousand) people come to the festival.

[5000] 人もの踊り子が人々を楽しませます。

[5,000] dancers entertain us.

数字の表記

100	one hundred	100,000	one hundred thousand
1,000	one thousand	1,000,000	one milion
10,000	ten thousand	10,000,000	ten milion

屋台を紹介するフレーズ

りんご飴や綿飴は屋台の定番です。

Candied apples and cotton candy are classic festival foods.

弾が命中したら景品がもらえる射的も人気です。

A shooting gallery with prizes is popular, too.

夏祭りの屋台には金魚すくいが欠かせません。

There's always goldfish scooping at summer festivals.

上手な人は10匹以上の金魚をすくいます。

A good scooper can get more than 10 goldfish.

フランクフルトやたこ焼きなど歩きながら食べられるものも人気です。

Foods that you can eat on the go like sausages on a stick and octopus dough balls, are popular.

子どもたちの好きなアニメキャラクターのお面もよく見られます。

You will often see masks of children's popular anime characters, too.

祭りでは多くの女性が浴衣を着ます。

Many women wear casual summer kimonos to festivals.

48 桜、花見を案内する

日本人の心と言っても過言ではない桜。
桜の歌を歌って紹介してもよいですね。

MUST

お花見をしてみたいのですが。

I want to go cherry blossoms viewing.

近くのお花見スポットをご案内しますね。

Let me show you a perfect spot nearby.

（使える）

この公園は桜の木が300本あります。

This park has 300 cherry blossom trees.

（おもてなし）

今週末はお花見に最適です。

Next weekend should be perfect for cherry blossoms viewing.

EXCUSE

雨が降ると散ってしまうかもしれません。

If it rains, the blossoms might get washed away.

ここは地元の人中心の穴場スポットです。
This is a secret place frequented by locals.

いい場所は早くから人が場所取りをします。
Many people get to the park early and stake out a spot.

ソメイヨシノが代表的な品種でとても愛されています。
The most loved cherry blossom variety is probably *someiyoshino*.

桜の開花の表現

満開	full bloom	葉桜	leaves have come out
7分咲き	almost in full bloom	5分咲き	about half are blooming
咲き始め	just starting to bloom	散り始め	starting to flutter away
つぼみ	buds	夜桜	cherry blossoms at night

TEACHER'S ADVICE

いかに特別なものかを伝えて

日本人にとっては桜は唯一無二の存在。「Sakura has a very short life.」「It's part of our soul.」「The sakura petals look like snow.」などその感覚を少しでも伝えられるといいですね。桜モチーフのおみやげやスイーツなども紹介してみましょう。

49 抹茶、和菓子の体験を案内する

上生菓子は日本人でも食べる機会が少ないもの。
「High-class special occasion sweets」などと表現しましょう。

MUST

和菓子はこの中からお選びください。

Please choose Japanese sweets, called *wagashi*, that you like from here.

わぁ、美しいですね。
Wow! They are beautiful.

和菓子は季節の食材、季節のモチーフを用います。
Traditional Japanese sweets use seasonal ingredients and have a seasonal motif.

抹茶はお茶の新芽を蒸して乾燥させ、石臼ですりつぶしたものです。
Powdered tea, or *matcha*, is made by first steaming fresh tea leaves, then drying them before milling them with a stone.

和菓子づくりには小豆からつくられる「餡」が欠かせません。
The most important component of traditional Japanese sweets is red bean paste called *"an."*

DIALOG

和菓子と抹茶のセットをどうぞ。
Here is your *wagashi* and *matcha* set.

ありがとう。どうやっていただけばいいですか?
Thank you. How do I eat it?

まず和菓子からどうぞお召し上がりください。紅葉の形に細工した練り切りという和菓子です。
Please start with the *wagashi*. It's *nerikiri* style, designed to look like autumn leaves.

甘くておいしいです。
It's sweet and delicious.

和菓子の後は、薄茶と呼ばれる抹茶をお召し上がりください。
After you enjoy the sweets, drink the *matcha* called *usucha*.

右手でお茶碗を持ち上げて、左手にのせます。右手を添えて持って、少しお茶碗を右にまわしてからお茶の色を楽しんでください。
Pick up the tea bowl with your right hand and place it on your left palm. Rotate the bowl clockwise, then enjoy the beautiful color of the tea.

まずひと口含み、味やお茶の香りが広がるのを楽しんでください。
Take a sip and savor the aroma and taste of the tea spreading inside your mouth.

楽しんでいただけましたか?
Did you enjoy it?

TEACHER'S ADVICE

和菓子の魅力を伝えて

和菓子は、あんみつ (agar jelly with red bean paste and fruit)、羊羹 (a block made of thick red bean paste with agar and sugar) などと言えます。生菓子など日持ちはあまりしないものは「It lasts about 3 or 4 days.」などと案内しましょう。

50 着付け体験を案内する

ひと口に着物と言っても多種多様。
着物の格や種類も紹介してみましょう。

MUST

着物を着てみたいのですが。
I'd like to wear a kimono.

たくさんありますので中に入ってご覧ください。
We have many. Come inside and take a look.

写真撮影をすることもできます。
You can get your photo taken, too.

1日レンタルで2800円です。
A one-day rental is 2,800 yen.

着物を着るのを着付け師がお手伝いします。
A kimono stylist will help you put on your kimono.

DIALOG

好きな着物や帯をここから選んでください。
Please choose the kimono and *obi* (belt) that you like from here.

たくさんありますね！
There are so many!

鏡を見てお気に入りの組み合わせを見つけてください。
Look in the mirror and decide the combination you like.

決めました。
I have made up my mind.

ではこちらで着物に着替えましょう。
OK, then let's change into the kimono over here.
貴重品はこのカゴにお入れください。
Please put your valuables in this basket.

まず洋服を脱いでから、この足袋をはいてください。
First take off your clothes and put on these *tabi* (socks).
その後この肌着を着たら、お声をおかけください。
Then put on this underwear and let me know when you're done.

できました！
I'm ready!

失礼します。
I'm coming in.
では、着付けをはじめましょう。20分くらいでできると思います。
OK, then we'll start. It should take about 20 minutes.

TEACHER'S ADVICE

着物のモチーフになっているものは？

たとえば、桔梗なら変わらぬ愛と誠実さ、六角形の亀甲文なら長寿吉兆などの意味があります。単語でもいいので伝えられると着物選びがより楽しいですね。フォーマル、カジュアル、対象年齢なども大まかに紹介しましょう。

51 銭湯を案内する

昔ながらの銭湯は、とても喜ばれるはず。
旅の疲れを癒してもらえるといいですね。

MUST

レトロな雰囲気でいいですね。

This place has a nice, nostalgic atmosphere.

男性は右側、女性は左側の入り口から入ってください。

Men enter through the right entrance and women the left.

使える

入ったら、入浴料金を受付の人に払ってください。
Once inside, pay the receptionist.

使える

自動販売機で入浴券を買ってください。
Buy bathhouse tickets from the vending machine.

使える

タイル絵が美しいですね。
What a beautiful tile mural!

大変申し訳ないのですが、タトゥーの方にはこのシールを貼っていただいています。
Sorry to inconvenience you, but to enter, we must ask you to cover your tattoo with this sticker.

文化の違いということをご承知いただけましたら幸いです。
It's a cultural thing and I hope you'll understand.

ボディソープやシャンプーは無料で、タオルはレンタルできます。
Soap and shampoo are free. Towels can be rented.

ロッカーに衣類や貴重品を入れ、鍵を手首に巻いて入ってください。
Lock your valuables and clothes in the locker, and wrap the key around your wrist.

お湯は38度です。ぬるめなのでゆっくりつかれますよ。
The water temperature is 38 degrees centigrade. It's lukewarm so you can soak for a long time.

TEACHER'S ADVICE

タトゥーの件は慎重に

海外の人からすればタトゥーがなぜダメなのか不思議、という感じです。入り口に「Tattooed bathers are required to cover up with patches that can be purchased inside.」(タトゥーをされている方は見えないようにシールをお願いします)と看板で案内を。

52 日本酒を案内する

日本酒ファンの人も多いですね。
試飲ができると喜ばれそうです。

MUST

日本酒を買って帰りたいんです。
I'd like to take home some sake.

そうですか、甘口、辛口どちらがお好みですか?
I see. Do you like sweet or dry sake?

この日本酒はアルコール度数16%です。
This sake has an alcohol content of 16 percent.

これは贈りものに人気のお酒です。
This sake is often given as a gift.

たくさんの地酒があります。
There are many regional sake.

日本的なものを案内する **5**

> たくさんあって迷います。
> There are so many that I'm not sure which one to select.

> この6種類のお酒のセットはいかがですか？
> How about this 6-sake sampler set?

> このお酒はどうやって飲めばいいですか？
> How do I drink this sake?

> 熱くしても飲めますが、冷やすか常温がお薦めです。
> Hot is OK too, but I recommend cold or room temperature.

> 一升瓶は1.8リットルのボトルのことです。
> *Isshobin* means a 1.8-liter bottle.

TEACHER'S ADVICE

1合はどれくらいの量？

オンスに慣れていると、mlの感覚があまりありません。1合（＝180ml）の水をグラスに入れてこのくらいと見せられるとわかりやすいです。升で飲む、ということも楽しみのひとつ。「You can enjoy the smell of the wood.」などと言えますね。

お酒にまつわるフレーズ

お酒をつくるときは、お米の外側を削って精米します。

When making sake, you must remove the husk and bran of the rice.

高級なお酒になるほど、精米の度合いが高くなります。

The higher the sake quality, the more it has been milled.

純米酒は30％ほど外を削ったお米、米麹、水だけで作られます。

Junmai-shu's rice is milled about 30% and only koji (mold for fermentation) and water are added.

吟醸酒は40〜50％ほど外を削ったお米、米麹、水、醸造アルコールで作られます。

Ginjo-shu's rice is milled between 40% and 50% and koji, water, and distilled alcohol are added.

吟醸酒は低温発酵させて、30日以上かけて熟成させる製法で作られます。

Ginjo-shu is made by fermentation at low temperatures for more than 30 days.

スパークリングタイプの日本酒は飲みやすく、女性に人気があります。

Sparkling sake is easy to drink and is popular among women.

この日本酒は刺身との相性がいいです。

This sake goes well with *sashimi*.

お酒にまつわるフレーズ

焼酎は日本の代表的な蒸留酒です。

Shochu is Japan's most famous distilled beverage.

いも、米、麦など様々な種類の焼酎があります。

Shochu can be made from potatoes, rice, barley, and more.

甘酒は日本の伝統的な甘い飲み物で、アルコール入りとアルコールなしのものがあります。

Amazake is a Japanese traditional sweet drink, with or without alcohol.

甘酒は滋養豊富なので、400年前の江戸時代から健康飲料とされてきました。

Amazake is nutritious and has been a health drink since the Edo period 400 years ago.

このお酒には金箔が入っているので、お祝い事にもお薦めです。

This sake has goldfoil inside it so it makes a nice special-occasion gift.

このお酒は糖質オフのタイプです。

This is a low-carb sake.

53 お城を案内する

マニアもいる、日本のお城。
お城を取り囲むお堀に驚く人も多いようです。

MUST

このみっしりと積まれた石垣はすごいですね。

This dense stone wall is impressive.

お城ファンの間でも人気のあるスポットです。

This place is very popular among castle enthusiasts.

天守閣は焼失してしまったものを再建しました。

That *tenshukaku*, the highest tower within the castle, was rebuilt after a fire.

早朝にお城に行くと、雲海が見られます。

If you visit the castle early in the morning, you can see a sea of clouds.

ライトアップされた天守閣は美しいです。

When the castle's *tenshukaku* is illuminated, it is striking.

天守閣からは街が一望できます。

You can see the whole town from the castle tower.

お城と紅葉の組み合わせが素晴らしいですね。

The combination of the castle and the autumn foliage is magnificent.

春は桜が咲いてそれもまた美しい眺めです。
In the spring, cherry blossoms are beautiful, too.

このお城は元々のものです。一度も改築されていません。
This castle is the original. It was never rebuilt.

お城が高いところにあるので、ロープウェイで入り口まで行けます。

The castle is located high so the entrance can be reached by ropeway.

TEACHER'S ADVICE

簡単なお城の歴史をお話して

お堀に加えて、ゴツゴツした石垣に驚く人も。つるっとしていないから、登れてしまうのではと思うみたいです。紹介するお城は、何時代のもので、どんなお殿様が住んでいた、などと簡単にお話できるとよいですね。

54 地元の食べものを紹介する

和食がユネスコ無形文化遺産に登録され、注目度もアップ。
ローカルな食の魅力をアピールしましょう。

MUST

これは何ですか？
What is this?

地元特産のりんごを使ったジャムです。
This is jam made from our local specialty, apples.

 使える

この野菜は今朝農家の人が収穫しました。
Farmers harvested these vegetables this morning.

 おもてなし

試食してみませんか？
Would you like to try one?

 使える

どのように思われましたか？
What did you think?

日本的なものを案内する 5

農家の方ですか？
Are you a farmer?

はい、ここの野菜はすべて無農薬でつくっています。
Yes. No pesticides were used on these vegetables.

おいしそうなみかんね。
These *mikan* (Japanese tangerines) look good.

ありがとうございます。この地方だけで栽培されている珍しい品種です。
Thanks. This is a rare variety that is only grown here.

この町は玉ねぎの名産地として有名です。
This town is famous for onions.

TEACHER'S ADVICE

安全性を伝えるなら

オーガニックにこだわる人も多いので、いくつか単語をご紹介します。pesticide（殺虫剤）、fertilizer（肥料）、natural agriculture（自然農法）、また、鮭も天然ならwild salmon、養殖はfarmed salmonと言います。

郷土料理を紹介するフレーズ

きりたんぽは、ごはんを棒に巻きつけて焼いたものです。

Rice wrapped around a stick and grilled is called *kiritampo*.

ぬか漬けは、米ぬかを発酵させたぬか床に野菜を漬けてつくる漬け物です。

Vegetables are put in fermented rice bran (*nuka*). These are called *nukazuke* pickles.

ほうとうは、小麦粉の麺と野菜、みそを一緒に煮込んだ山梨県の郷土料理です。

Udon noodles made from wheat are stewed with miso and vegetables are called *houto*. And is a specialty of the Yamanashi region.

お好み焼きには広島風と関西風があります。

There are two types of *okonomiyaki*, Hiroshima and Osaka style.

広島焼きには「焼きそば」という麺が入っています。

Hiroshima style has *yakisoba* (chow mien) inside.

冷や汁は魚やみそ、ゴマを混ぜたものを冷たいだし汁でのばし、温かいごはんにかけて食べる夏の料理です。

Cold soup stock with fish, miso, and sesame seeds poured over hot rice is called *hiyajiru*. It's eaten in the summer.

郷土料理を紹介するフレーズ

牡蠣飯は、牡蠣をしょう油、みりん、酒で煮て、その煮汁と昆布だしでごはんを炊き、牡蠣、三つ葉、にんじん、海苔をのせたものです。

Broth from oysters cooked in soy sauce, white rice wine, and sake is combined with *kombu*(kelp) soup stock and used to cook rice. The rice is called *kakimeshi*. It's served topped with oysters, greens, carrots, and seaweed.

深川飯とは、アサリとねぎをみそで煮込み、熱々のごはんの上にかけて食べる東京の郷土料理です。

Asari (short-necked clams) are cooked with green onions and miso and spread over hot rice. This is called *Fukagawa-meshi* and it is a Tokyo specialty.

ずんだ餅は茹でた枝豆の皮を除いてすりつぶし、砂糖、水、塩を加えて餡にし、お餅と一緒に食べるものです。

Mix sugar, water, and salt with peeled edamame and eat it with mochi (unsweetened rice cakes). This is a dish called *zunda mochi*.

みそ煮込みうどんは、八丁みそを使った汁で生の麺を煮込んでつくる愛知県の定番料理です。

Fresh udon cooked in soybean miso called *Hatcho Miso* is a specialty from Aichi and is called *miso nikomi udon*.

郷土料理を紹介するフレーズ

柿の葉寿司とは、鮭や鯖の切り身を酢飯にのせ、柿の葉でくるんだ奈良県の郷土料理です。

Salmon and mackerel on vinegared rice wrapped with persimmon leaf are a Nara specialty called *kakinoha zushi*.

讃岐うどんとは、香川県のコシがとても強いうどんです。最近では日本中で食べることができます。

Kagawa prefecture is known for its thick, chewy udon. Today *Sanuki udon* is available throughout Japan.

鯛飯は、1尾丸ごとの鯛をしょう油などで味つけし、お米の上にのせて土鍋で炊いたものです。おいしく見た目も美しいです。

After seasoning a whole sea bream with soy sauce and more, put it on top of a pot of uncooked rice. Cook it in soup stock with the fish intact. *Tai-meshi* is delicious and beautiful to look at.

長崎ちゃんぽんは、肉、野菜、魚介などたっぷりの具材と中華麺を牛乳を加えたスープで煮込んだ長崎のソウルフードです。

Chanpon is comfort food for Nagasaki people. It's a ramen with a milky soup topped with lots of meat, vegetables, and seafood.

郷土料理を紹介するフレーズ

いも煮とは、いもや牛肉などを煮込んだ山形の名物です。

Imoni is a potato stew with beef (or other meat), and is famous in Yamagata.

出雲そばはソバの実を皮ごと石臼で挽いてつくられます。

Izumo soba noodles are made by stone milling buckwheat and its outer layer together.

皿鉢料理とは高知の宴会料理で大きなお皿にたくさんの料理をのせます。

Sawachi ryori, a specialty of Kochi, consists of huge platters heaped with a variety of food is often served at parties.

からしれんこんとはれんこんにからしを詰めた熊本の名物です。

A Kumamoto specialty, *karashi renkon*, is boiled lotus root filled with mustard.

郷土料理とは、その土地の産物を活かしてつくる昔ながらの料理です。

Kyodo Ryori are traditional regional dishes that are made with local ingredients.

55 自然を案内する

日本へのリピーターの方も増えています。
ローカルな自然もまた魅力のひとつのようです。

MUST

透き通った川ですね！
What a clear river!

県内一の長さで、名水百選にも選ばれています。
It's the longest river in the prefecture and one of the "Hundred Exquisite and Well-Conserved Waters of Japan."

早朝に霧が出るととても幻想的です。
Early in the morning, dense fog makes this place look magical.

この辺りは軽く粉のような雪で有名です。
This area is famous for light and dry powder snow.

地元の人は今もこの湧き水を汲みに来ますよ。

The locals continue to come here to fetch this spring water.

神秘的な雰囲気の山道ですね。

This mountain path looks mysterious.

パワースポットとしても有名です。

Many people believe this place to be a spiritual spot.

朝日がきれいで、写真好きたちの撮影スポットです。

For people who are into photography, the sunrise is gorgeous here.

敷地には1000本のチューリップが植えられています。

There are 1,000 tulips on this site.

TEACHER'S ADVICE

里山は、魅力的

地理については、日本の国土の7割が山ということを知っている人は意外といません。里山は日本の伝統的な田舎の風景です。「Satoyama is rich in biological diversity.」(里山には生物の多様性があります)などと言えます。

自然を表現する語句

湖	lake	海底	sea floor
池	pond	海岸	sea shore
鍾乳洞	cave	雪解け水	meltwater
滝	waterfall	流星	meteor (falling star)
渓谷	valley	山	mountain
島	island	丘	hill
原生林	virgin forest	杉	Japanese cedar
砂丘	desert	流氷	drift ice
火山	volcano	平野	plain
広葉樹林	broad-leaved forest	盆地	basin
針葉樹林	boreal forest	高原	highlands
山脈	mountain range	小川	stream
淡水湖	freshwater lake	牧草地	pasture

自然を紹介するフレーズ

この海は透明度が高く、ダイバーにも人気です。

The waters are clear here so it's a popular place for divers.

冬は氷の上でワカサギ釣りが楽しめます。

In the winter, you can enjoy ice-fishing for smelt.

ここは、かつて有名な鉱山でした。

There used to be a famous mine here.

この緑地一帯は、天然記念物に指定されています。

This green area is designated as a natural monument.

ここは映画やTVドラマのロケ地として有名です。

This is a filming location for movies and TV dramas.

この花畑の敷地面積は8ヘクタールです。

This flower garden measures 8 hectares.

夜には肉眼でたくさんの星を見ることができます。

At night, you can see many stars with the naked eye.

日本が好きな人はどんな人?

日本を訪れる海外の人は3タイプに分けられると言えるかもしれません。

①新しくてモダンなもの、アニメ、漫画、建築などに興味のある人
②歴史や社寺、禅、瞑想、庭園、俳句、富士山などに興味のある人
③新宿ゴールデン街のようなアンダーグラウンド、下北沢、アメ横のような味のある場所に興味のある人

ほかにも、グルメな人、ホテルが大好きな人、スポーツが見たくてたまらない人などいろんな人がいます。あなたが出会う海外の人はどんなタイプに当てはまりますか?
話し方、年齢、希望……イメージを膨らませば見えてきます。
こういう作業が、自分のいる場所も俯瞰してみるいい機会になるはずです。

施設やレジャー

を案内する

56 美術館を案内する

先生と学生は安い欧米の美術館。
割引情報は必ず案内して。

MUST

入場券はどこで買えますか？

Where do I buy admission tickets?

そちらの窓口でお買い求めください。

You can get tickets at that window.

使える

こちらの列にお並びいただけますか？

Would you please wait in this line? Thank you.

使える

入場まで30分待ちです。

There's a 30-minute wait to get inside.

EXCUSE

傘はここにお入れください。

Please put your umbrellas here.

施設やレジャーを案内する 6

大人2枚ください。
Two adults, please.

はい、2000円になります。こちらがチケットです。
That will be 2,000 yen. Here are your tickets.

このチケットで常設展もご覧いただけます。
You can also see the permanent collection with this ticket.

スーツケースをどこかに置けますか？
Is there a place where I can leave my suitcase?

奥のコインロッカーをご利用ください。
You can use the coin-operated lockers in the back.

TEACHER'S ADVICE

メジャーな美術館は混みがち

学割や前売りなどのお得な情報を案内しましょう。あまりにも混む展覧会などの場合は平日を薦め、休日に向かうようなら、「There will probably a long line, so you might want to bring a book.」（とっても混んでいるので、本でも持って行って！）と伝えて。

美術館に関するフレーズ

音声ガイドはご利用になりますか?
Will you be using the guided audio tour?

500円でご利用いただけます。
It's 500 yen.

こちらの順路に沿ってお進みください。
Please follow the marked route.

作品の撮影はノンフラッシュならOKです。
No flash photography.

撮影は禁止されています。
No photography is permitted.

すみません、作品には触らないようお願いします。
Excuse me, please do not touch the art.

このあと、15分のムービーがはじまります。
A 15-minute movie will start soon.

[ ] を替えるだけで使えるフレーズ

[少女] をテーマにした作品の展示会です。
The exhibition theme is [Young Girls].

この作家は特に [20代] の人に支持されています。
There are many people in their [20s] who are fans.

[森林] という作品で脚光を浴び、有名になりました。
The artist became famous after creating [Forest Land].

日本だけでなく [フランス] でも個展をやっています。
This artist has had exhibitions not only in Japan but in [France], too.

この展覧会は作家の [20年] の集大成です。
This exhibition is a compilation of the artist's [20 years] of work.

作家は最近は [立体] にもチャレンジしています。
Recently the artist is exploring [3D art].

[この作品] を機に作風を変えていきました。
The artist changed his touch after [this work].

[　] を替えるだけで使えるフレーズ

これは [江戸時代] の陶器です。

This ceramic is from the [Edo period].

西暦でいうと、[1700年] 頃のものと考えられています。

It's believed that this is from around [1700CE]．(CE = common era)

この [屏風] は重要文化財に指定されています。

This [folding screen] is classified as an Important Cultural Property.

一般公開されるのは [6年] ぶりです。

This is the first time in [six years] that it is open to the public.

これは [お殿様] に向けて書かれた手紙です。

The letter was addressed to the [feudal lord].

これは画家の作品の中でも一番 [有名] なものです。

This is one of his (her) most [famous] paintings.

この [装飾品] は代々その家で受け継がれてきたものです。

These [ornaments] have been in the family for generations.

美術に関する語句

国宝	national treasure	現代美術	modern art
歴史資料	historical record	考古遺物	archaeological antiquity
復元	restoration	彫刻	sculpture
レプリカ	replica	武具	armor
古文書	archive	刀剣	sword
漆器	lacquerware	書道	calligraphy
染織品	textile	古美術	antique
陶磁器	pottery and porcelain (chinaware)	日本画	Japanese painting
模型	model	西洋絵画	Western painting
土器	earthenware	巻物	scroll
古墳	old burial mound	お面	mask
標本	specimen	文献	document
個人コレクション	personal collection	専門	specialization

57 現代アートを案内する

あなたが展示で紹介しようとしている作品が
どんな種類のアートか言えるといいですね。

MUST

素晴らしい展示でした。作家のことがわかるものはありますか？

That was a wonderful exhibition. I'd like more information about the artist.

英語の作家紹介をお渡しします。奥には作品集がありますのでご覧ください。

Here is the artist introduction in English. You can see his (her) anthology in the back.

彼は広告写真家として高名です。

He's famous for commercial photography.

東京の展示会が好評で、この街にも巡回してきました。

The exhibition was well received in Tokyo, so it has come here.

作家の地元がこの街なのです。

The artist is from this area.

施設やレジャーを案内する 6

これはどういった展覧会なのですか?
What kind of exhibition is this?

はい、作家の30年のキャリアを一望できる回顧展になっています。
It's a collection where we can see 30 years of the artist's work.

作家がロンドンで生活した時に撮影したものをまとめた新作写真コレクションです。
It's a new collection of photography from when he lived in London.

これまで絵画だけだった作家が初めて彫刻にチャレンジした作品です。
With this piece, the artist known for his paintings tried his hand at sculpture for the first time.

先日発売された写真集の中から選りすぐりの作品を集めた展覧会です。
The exhibition displays the best works from his latest book of photographs.

TEACHER'S ADVICE

どんなアートが好きな人?

有名なものが好きな人もいれば、才能ある無名の人を見つけるのが好きな人もいます。前者には、「This artist is a big name in Japan.」などと、後者には「She's not famous but her creations are breathtaking!」などと作品を紹介してもよいですね。

58 ギャラリーを案内する

「Do you have a favorite artist?」などと
話しかけると、話題が広がるかもしれません。

MUST

こんにちは。少し見せてもらっていいですか？
Hello. Can I take a look?

もちろんです。どうぞお入りください。
Of course, please come in.

こちらの女性が作家本人です。
This is the artist herself.

よろしければご記帳ください。
If you like, please sign the guestbook.

イラストレーター5人によるグループ展です。
It's a group exhibition by five illustrators.

施設やレジャーを案内する 6

とても素敵ですね！
It's delightful!

ありがとうございます。ポストカードなどもありますので、よろしければご覧ください。
Thank you. There are postcards, too, if you're interested.

このカードにあるWEBをぜひご覧ください。
Please visit the website on this card.

ごゆっくりお楽しみください。
Please enjoy the exhibition.

お越しくださり、ありがとうございました。
Thank you for coming.

TEACHER'S ADVICE

絵を買いたいと言われたら？

「Are these for sale?」「Can I buy this painting?」など、絵を買いたいと言われた場合は、口頭で値段を伝えるのではなく、紙に印刷したプライスリストを渡す方が安心してもらえます。海外発送サービスがあればそれも伝えて。

59 アニメ、漫画を紹介する

人気の作品はタイアップのお菓子などもありますね。
気軽に買えるものを案内すると喜ばれそう。

MUST

「〜〜〜」のコミックが欲しいんです。
I'm looking for the comic book, _____.

それなら駅の書店にあると思います。何巻をお探しですか？
I believe the bookstore at the train station carries that. Which volume?

私もその漫画のファンです。
I'm a fan of that manga, too.

このフィギュアは限定品で人気があります。
This limited-edition figurine is very popular.

関連グッズもたくさんありますよ。
There are many goods associated with this.

この町は「〜〜〜」という漫画の舞台になっているんです。
This town is featured in the manga _____.

その漫画のお菓子やグッズも売っています。
They sell packaged snacks and knick-knacks with this manga motif.

「キャプテンハリー」のアニメを見てみたいんです。
I'd like to see Captain Harry, the anime.

水曜日の4時半から5チャンネルでやっています。
You can watch it from 4:30 on Wednesdays on Channel 5.

残念ながら、放送が終わってしまったようです。
Unfortunately, the program is finished now.

TEACHER'S ADVICE

詳しい人は本当に詳しい！

DVDなどには特定のコードがあり、日本で買ったものを海外では見られない場合もあるので、確認をしてもらうと安心です。アニメなどは詳しい人にこそ、日本でしか知られていない裏話などを教えてあげられるとよいですね。

アニメ、漫画を紹介するフレーズ

この作品は10代の子たちに特に人気です。
This piece is loved especially among teenagers.

その主題歌はヒットしました。
The theme song was a hit.

この声優は人気キャラクターを何人も担当しています。
This voice actor has done several famous roles.

このアニメは10年以上放映されている人気作品です。
This popular anime has been broadcast for more than 10 years.

この作品はコスプレイヤーが多いです。
This one has a lot of cosplayers.

漫画喫茶では時間制でたくさんの漫画が読めます。
At a fee-by-the-hour manga cafe, you can read all kinds of manga.

漫画喫茶はフリードリンクでシャワー室などもついています。
Manga cafes provide free refills of drinks and shower rooms.

アニメ、漫画を紹介するフレーズ

漫画やアニメからつくられた二次創作がたくさんあり、日本中に同人誌の愛好家がいます。

Many derivative works are created from manga and anime. In Japan, there are avid fans of these self-published works.

同人誌は「コミックマーケット」と呼ばれる即売会で販売されています。

You can buy self-published works at Comic Market, an exhibition and sales event.

この漫画は最近TVドラマ化されました。

This manga has recently been made into a TV drama.

この漫画は「ミスター」という月刊誌で連載されています。

This manga is a regular feature in the monthly manga, Mister.

翻訳版はまだ発売されていないようです。

It appears that there is no translated version at this time.

このお店はアニメ、漫画好きの女性の聖地として知られています。

This shop is considered sacred ground for girls who like anime and manga.

アニメのコスプレ衣装は通販などでも買えるようです。

You can buy cosplay items via catalogs and online.

60 イルミネーションを案内する

イルミネーションも大賑わいなので、
まずは心の準備をしてもらうことが大切です。

MUST

このイルミネーションは今見られるんですか？

Can we see the illuminations?

はい、今日からスタートしています。

Yes. today is the first day.

11月から2月までだけの開催です。

It's held from November to February only.

15年目になります。

It's been held for 15 years.

去年は20万人の来場者でした。

Last year two hundred thousand people came.

施設やレジャーを案内する 6

300万球を使ったイルミネーションが見どころです。
The illumination made up of three million lightbulbs is the highlight of the event.

イルミネーションと花火が一緒に楽しめる珍しいイベントです。
It's a rare event where you can see illuminations and fireworks at the same time.

このイルミネーションにはプロジェクションマッピングが導入されていて、とてもかっこいいです。
The illuminations use projection mapping. It's awesome.

イルミネーションのアーチがとても素晴らしいです。
The illuminated arches are incredible.

別世界のようだと、老若男女問わずに大人気です。
Everyone who comes, children and children-at-heart, say that it's out of this world!

TEACHER'S ADVICE

イルミネーションのベストスポットは？

空いている時間や、暖かくしていくことなどを伝えた上で、地元の人だから知っている、遠くからイルミネーションが素敵に見えるところや、一番写真映えするスポットなどを教えてあげられると喜ばれそうです。

61 テーマパークを案内する

日本独特のアクティビティやイベントを
ぜひ体感してもらいましょう。

MUST

ここに来るのを楽しみにしていたんです！

I have been looking forward to coming here!

それはよかったです。では、行きましょう。

It's good that you're here. Let's go.

このジェットコースターは園内で一番怖いみたいです。

This roller coaster is the scariest of all the rides here.

このエリアにおみやげ屋さんがたくさんあります。

There are many gift shops in the area.

今みんなが写真を撮っているのが、子どもたちに人気のキャラクターです。

The photo everyone is taking is a character that children especially love.

施設やレジャーを案内する 6

このアトラクションは2時間くらい待つみたいですが、どうしますか?
It seems there's a two-hour wait for this attraction. What shall we do?

うーん、じゃあ別のに行きましょう。
Well, then let's go somewhere else.

8時からは花火があるみたいですよ。
I think the fireworks start at eight.

このアトラクションでは、3Dメガネをかけます。
You wear 3D glasses with this attraction.

ここに来たからには、お化け屋敷に入りませんか?
Since we're here, why not check out the haunted house?

TEACHER'S ADVICE

「テーマ」の発音に注意

園内に「忍者」「江戸」などの日本ならではのテーマのものがあれば、ぜひ伝えましょう。ついつい「テーマ」と言ってしまうかもしれませんが、発音に気をつけて。スムーズな順路や空いている席なども教えてあげてください。

62 スポーツ観戦を案内する

会場の雰囲気も含めて楽しめる観戦。
単語でいいので、実況もできるといいですね。

MUST

今日の2チーム、どちらが強いんですか?

Which of the two teams are stronger?

今のランキングでは、ストライプのユニフォームのチームです。

According to today's rankings, the team with the striped uniform.

使える

今画面に映っているのが、最近人気の選手です。

That guy on the screen right now is popular now.

使える

(規制退場などのとき)少し座っていましょう。

Let's stay seated until the crowd thins.

使える

私の好きな選手は5番の選手です。

My favorite player is the fifth one.

施設やレジャーを案内する 6

こちらの席は青のチームのファンが多いエリアです。
Many people on this side root for the blue team.

ちょっとお腹が空いてきました。
I'm getting a bit hungry.

始まる前に食べるものを買ってきましょう。一緒に行きませんか？
Why don't we buy something to eat before the game starts? Shall we go together?

ここはファンのためのグッズ売り場です。
Here's where fans can buy merchandise.

ユニフォーム、ストラップ、ぬいぐるみ、文房具、いろんなものがあります。
There are uniforms, phone straps, stuffed animals, stationery, and many other things.

TEACHER'S ADVICE

言えそうで言えないフレーズ

誰と誰が対戦しているの？は「Who's playing who?」、どちらが勝っているの？は「Who's winning?」、今、点数はどうなっているの？は「What's the score?」。聞かれることが多そうなフレーズです。覚えておきましょう。

63 SA、PAを案内する

SAもPAも日本語英語。
英語では「rest area」(レストエリア)と言います。

MUST

大きなサービスエリアですね。
This is a big rest area.

このあたりでは一番大きく、観光スポットになっています。
It's the biggest around here and it's a tourist destination.

フードコートやレストラン、おみやげ屋までいろんなショップが入っています。
You can find a food court and restaurant, souvenir shops and more.

SAは地元グルメを満喫できる場所として人気です。
Rest areas in Japan are popular places where you can taste local foods.

アスレチックが併設されているので、お子さんも楽しめます。
There are playgrounds and obstacle courses for children, too.

施設やレジャーを案内する

あのぬいぐるみは何ですか?
What's that stuffed animal?

この県をPRするキャラクターで、ゆるキャラと言われ、どの県にもあります。
That's the prefecture mascot. They are called "*yuru-kyara*" and each prefecture has one.

ご当地食材を使ったアイスクリームを食べるためにSAに来る人もいます。
Some people even stop by a rest area just to eat locally-sourced ice cream.

温泉までついていて、お風呂につかることもできます。
There's even a hot spring here for people to take a dip.

仮眠室が用意されているので、眠ることもできます。
There are places where people can nap if they want.

TEACHER'S ADVICE

日本ならではの施設

「service area」とだけ聞くと、車の修理をしてくれるところ? ガソリンの補給? と思う人も多いようです。広い敷地に充実したグルメにきれいなトイレ……。機会があるようなら「You must go!」とお薦めしてみましょう。

64 列に並んでもらう

暑い日には水やうちわを渡すなどの気遣いを。
こういったことで並ぶことも楽しんでもらえます。

MUST

ケーキを買いに来たんですが。
I'm here to buy some cake.

ありがとうございます。そちらに並んでいただけますか?
Thank you. Could you get in line over there?

 10分ほどでご案内できると思います。
It will take about ten minutes.

 こちらが最後尾になります。
This is the end of the line.

 寒い(熱い)中お越しいただき、ありがとうございます。
Thanks for coming in this cold (hot) weather.

施設やレジャーを案内する 6

おかけになってください。
Have a seat here.

お待ちの間、お茶をお召し上がりください。
Please have some tea while you wait.

お名前と人数を伺ってもよろしいですか?
What's your name and how many in your party?

ご注文はお決まりでしょうか?
Are you ready to order?

お待たせして申し訳ありません。ご注文を伺います。
Sorry to keep you waiting. May I take your order?

TEACHER'S ADVICE

待ち時間の状況などを伝えて

「It should be about 15 more minutes.」(あと15分くらいでご案内できるかと思います) など、時間の目安を伝えて。このとき、ちょっと長めに伝えるようにしてください。待ち時間の案内は更新しながら、感謝の気持ちを込めて。

65 子連れの人に声をかける

旅で荷物も多く子連れの旅行者は何かと大変。
男性は特に手を貸してあげてください。

MUST

授乳できるところはありますか?

Is there a place where I can nurse my baby?

6階のトイレに授乳室があります。

There's a nursing space in the women's room on the sixth floor.

 使える

ベビーカーはこちらでお預かりします。

We'll keep your stroller here.

 使える

こちらでおむつ交換ができますよ。

You can change diapers here.

 使える

奥にエレベーターがあります。

There's an elevator in the back.

施設やレジャーを案内する 6

すみません、エレベーターがないのです。運ぶのをお手伝いします。
Sorry, we don't have an elevator. We'll be happy to help you with your things.

離乳食はどこで買えますか?
Where can I buy baby food?

7階のベビーフロアで売っています。
There are baby goods on the seventh floor.

子ども連れでも大丈夫でしょうか?
Are children welcome here?

もちろんです。お入りください!
Of course, come in!

TEACHER'S ADVICE

ベビーグッズを旅の思い出に

ベビーグッズをおみやげにするのもいいですね。歯固め(teether)、指人形(finger puppets)、引いて楽しむおもちゃ(pull-along toys)、おしゃぶり(pacifiers)、よだれ掛け(bibs)などの単語を覚えておくと◎。

66 ベジタリアンのお客さまに案内する

ベジタリアンと言っても様々な種類があります。
具体的に何がだめかをはっきり聞きましょう。

MUST

私はベジタリアンなのですが、ここでは何が食べられますか？

I'm vegetarian, what can I eat here?

申し訳ありません。特別なメニューのご用意がありません。鶏肉、お魚は食べますか？ 乳製品はいかがですか？

Sorry, we don't have a special menu. Do you eat chicken? Fish? How about dairy products?

使える

シェフに確認してきます。

I'll check with the chef.

EXCUSE

ソーセージを野菜に替えてもらえますか？

Can you change the sausage to some vegetable?

おもてなし

お肉とお魚の代わりに、野菜料理を多めにご用意しました。

We've added extra vegetables for you in place of the meat and fish.

施設やレジャーを案内する 6

〜〜は食べられますか？
Do you eat ____?

| 卵 | eggs | 魚介類 | seafood |
| 乳製品 | dairy products | はちみつ | honey |

この白いクリームは何ですか？
What's this white cream?

それは豆腐です。
It's tofu.

この部分はだし汁を使っています。
The items on this side use fish stock.

TEACHER'S ADVICE

チェックリストがあると◎

紙に印刷したチェックリストを用意し、「Which foods are <u>NOT</u> OK?」と聞き、印をつけてもらいましょう。「Thank you. I'll give it to the chef.」と伝え、シェフにそれを見せれば間違いないはず。予約の場合は、メールでも確認をして。

日本の「日常」が喜ばれる

浮世絵、俳句などはいわゆる「日本的」なものとして観光客の関心を引くだろうと想像しやすいかもしれませんが、彼らが興味津々に眺めているのはそれだけではありません。

贈りもののための高価な果物、
面白いカフェ、
ずるずる音を立てて食べる食べ物、
馬刺し、歌舞伎、能、
折り紙、障子に映るシルエット、根付け……。

自分のいるエリアは「和」なものはないから、と決めつけないで。「日常」のスポットや食べ物で、十分喜んでもらえるはずです。

- 本文中の英語音声を以下URLよりダウンロードして聴いていただくことができます。
  http://www.daiwashobo.co.jp/news/n31256.html
- 出版社の承諾を得ずに上記英語音声を無断で複写・複製する行為は法律で禁止されています。
- 上記英語音声の内容を無断で改変したり、第三者に譲渡・販売することや営利目的で使用することは法律で禁止されています。

本作品は小社より2017年2月に刊行されました。

リサ・ヴォート (Lisa Vogt)
異文化コミュニケーター・地球写真家。アメリカ・ワシントン州生まれ。メリーランド州立大学で日本研究準学士、経営学学士を、テンプル大学大学院にてTESOL（英語教育学）修士を修める。現在は明治大学特任教授、青山学院大学講師として教鞭を執り、新聞・雑誌のエッセイ執筆など幅広く活躍している。2007年からNHKラジオ「英語ものしり倶楽部」講師を務め、現在「実践ビジネス英語」でテキストを担当。著書に『「英語で接客」ができる本』（大和書房）、『1日24時間 いつでも英語』（アスク出版）、『CD付 これで話せる英会話フレーズ2525』（DHC）ほか多数。

もう困らない！どんなときも！
「英語で案内」ができる本

著者　リサ・ヴォート
©2019 Lisa Vogt Printed in Japan
2019年9月15日第1刷発行

発行者　佐藤 靖
発行所　大和書房
　　　　東京都文京区関口1-33-4 〒112-0014
　　　　電話 03-3203-4511
フォーマットデザイン　鈴木成一デザイン室
本文デザイン　cloverdesign
本文イラスト　Yuzuko（田代卓事務所）
本文印刷　シナノ
カバー印刷　山一印刷
製本　ナショナル製本
ISBN978-4-479-30780-8
乱丁本・落丁本はお取り替えいたします。
http://www.daiwashobo.co.jp